AF399293

Med ett suddgummi i bakhasorna

Malin Bohman

MED ETT SUDDGUMMI
I BAKHASORNA

Varför minns jag inte?
En autistisk kvinnas funderingar
och sökande efter svar

Ny, omarbetad version med fallstudie
(Första versionen publicerad 2020 av BoD)

© Malin Bohman 2020, 2021

Figurer: Malin Bohman
Formgivning av inlaga och omslag: Malin Bohman
Omslagsbilder: javarman/Adobe Stock, freshidea/Adobe Stock
Faktagranskning och goda råd: Nouchine Hadjikhani

Förlag: BoD – Books on Demand, Stockholm, Sverige
Tryck: BoD – Books on Demand, Norderstedt, Tyskland

ISBN: 978-91-7969-321-3

Till minne av min mor,
som trots min minnesproblematik förstås
ändå alltid kommer att finnas i mitt hjärta.

Innehåll

Förord............9

Författarens förord............13

Inledning............19

Del I

1. Att sakna självbiografiskt minne............23

2. Vad är ett självbiografiskt minne?............29

3. Behöver vi självbiografiskt minne?............41

4. Traumatiska minnen – eller minnen av trauman............47

5. Att leva i nuet............63

6. Att leva utan självbiografiskt minne............69

Del II

7. Hur har mitt liv och min kontakt med psykiatrin sett ut?

   Uppväxt, skola och arbete............81

   Psykiatrikontakten tar sin början............93

   Behandlingshem eller inte............105

   Nya inläggningar och flytt............119

   Fortsatt kamp i samma gamla hjulspår............135

   EMDR och funderingar på autismspektrum............145

   NPF-utredning, somatik och Gillbergcentrum............156

Del III

8. Att hantera livet utan självbiografiskt minne..........................181
9. Vad skulle mina minnessvårigheter kunna tänkas bero på?..........193
10. Hur skapas ett självbiografiskt minne, och vad skulle då
    eventuellt kunna brista hos mig?.....................................201
11. Framtidsminnen..217
12. Vad har vi då kommit fram till?......................................225

Efterord...237
Några avslutande ord...243
Författarens tack..245
Appendix
    Kortfattade beskrivningar av hjärnområden jag tar upp..............247
    Kroppens betydelse vid skapande av självbiografiska minnen........253
    A case report of severely impaired autobiographical memory in a
    woman with Asperger syndrome......................................254
Litteratur i urval...273

Förord

Minnen av vårt förflutna utgör en central del av vår identitet, för hur vi definierar oss själva och för hur vi fattar beslut och planerar vår framtid. Så att inte kunna minnas sina egna livshändelser, men samtidigt ha ett annars intakt minne för fakta, verkar vara omöjligt att ens kunna föreställa sig. När jag först hörde Malin beskriva vad hon upplever insåg jag därför att det skulle vara extremt svårt för mig att sätta mig in i hennes situation och försöka förstå hur världen ter sig sett ur hennes perspektiv, och jag bad henne därför att hjälpa mig. Jag gav henne en uppgift: att på några få sidor beskriva hur det är att inte ha tillgång till ett självbiografiskt minne.

Jag visste att detta skulle bli en fascinerande läsning, inte bara för att det var ett sådant förbryllande och gåtfullt ämne, utan också för att jag hade haft underbara diskussioner med Malin, där hon delat med sig av sina tankar, idéer och böcker och artiklar hon hade läst om eller runt ämnet. Och jag visste genast att hon var vad vissa kallar en expertpatient: en mycket välinformerad, intelligent person som skulle kunna hjälpa mig att förstå hur vissa människor med hennes tillstånd upplever livet.

Att under de medicinska studierna läsa Oliver Sacks böcker, hade tidigt fått mig att inse det dyrbara i att lyssna på dem som upplever "konstiga" neurologiska symptom som förändrar deras uppfattning om världen. Och nu hade alltså Malin gått med på att inte bara dela detta med mig, utan även gå än längre och dela också med övriga världen vad det innebär att ha självbiografiska minnessvårigheter. Men också att ha en autismdiagnos – som föregåtts av en rad felaktiga psykiatriska diagnoser som ibland hade gjort – och i vissa fall fortsätter göra – hennes liv mardrömslikt.

Naturligtvis började de "få sidor" jag hade bett om att snabbt bli många fler, och jag är så glada över att se att de så småningom kom att förvandlas till en bok! Jag är övertygad om att detta måste ha varit en mycket svår uppgift för henne. Men hon gav aldrig upp och strävade hela tiden efter att göra sin text bättre, mer riktig, att mer tydligt försöka uttrycka vad hon menade, och jag måste säga att jag är imponerad av resultatet. Malin försöker verkligen alltid se till att få saker och ting rätt, och det har kommit att leda till skratt oss emellan när hon meddelat mig att den slutliga versionen nu är klar – bara för att några dagar senare låta mig veta att hon "bara behöver göra ytterligare några mindre förändringar" här eller där. Hon har med största observans finslipat på detta manuskript, och resultatet talar för sig själv: här är en bok som är både rörande och full av värdefull information. Som ibland kan läsas som en roman, bitvis som en thriller, men även som en lärobok.

Så jag måste säga "Tack, Malin!", för att ha gått med på att arbeta så hårt i försöken att dela dina erfarenheter med oss andra. Och att göra oss medvetna om vad det innebär att inte bara plågas av dina olika svårigheter, utan också av att ha blivit stämplad som psykiatrisk patient, med alla de svårigheter som det kan föra med sig när man försöker hantera fysiska sjukdomar. Jag är säker på att många kommer att känna igen sig här och där – i sin kamp med att vara autistisk, med att ha minnessvårigheter, med att vara en patient i systemet. Och att alla läsare kommer att uppskatta det mycket gripande innehållet i denna berättelse, om en resa som slingrar sig fram i en exceptionell hjärna.

Nouchine Hadjikhani
Professor vid Sahlgrenska akademin, Göteborgs Universitet
Docent vid Harvard Medical School, Boston

Författarens förord

"Ibland har jag sett allt som något overkligt, en dröm att vakna ur,
en mardröm som fått en själ i min kropp.
Ibland har jag sett allt som en pest att uthärda.
När det i själva verket bara är en annorlunda verklighet."

Åsa Jinder

Jag har nu i väldigt många år funderat över och försökt finna svar på varför det tycks vara i det närmaste omöjligt för mig att få fatt i mina självbiografiska minnen. Men jag har under årens lopp tyvärr ändå inte lyckats finna några svar hos de vårdgivare jag haft kontakt med och inte heller i någon av alla de många böcker jag hunnit plöja mig igenom. Åtminstone inga svar som inom mig har känts helt riktiga, vare sig känslomässigt eller mer intellektuellt.

Jag har inte heller funnit några riktigt bra beskrivningar vad gäller hur det kan kännas och hur det kan vara att leva med sådana här svårigheter, vare sig i skönlitterära verk eller i facklitteraturen. Eller jo, vissa glimtar har jag väl ändå stött på ibland – främst i skönlitteraturen – men då har det som sagt handlat om just glimtar också och inget som beskrivit situationen mer ingående.

Jag har alltså längtat efter att få svar på varför jag har dessa svårigheter. Men än mer har jag nog ändå längtat efter att hitta beskrivningar som jag verkligen kunnat känna igen mig i. Beskrivningar som då kanske hade kunnat få mig att känna mig mindre ensam och så misslyckad som jag gjort under årens lopp – och tyvärr fortfarande ofta gör. Och givetvis har jag även längtat efter att få mina svårigheter ordentligt bekräftade någonstans, att bli trodd på och förstådd. I alla fall i den mån det nu är möjligt att förstå sådana här svårigheter.

Därför var det ganska fantastiskt att när jag sedan fick kontakt med Christopher Gillberg och Nouchine Hadjikhani då inte bara blev trodd på och tagen på allvar, utan senare även fick en mer handfast bekräftelse i form av vetskapen om att det i min hjärna faktiskt går att se fysiologiska avvikelser som skulle kunna förklara mina minnessvårigheter. Och därmed har jag även fått hjälp med att förstå att detta inte är något jag kan rå för, inte är något jag vare sig bör skämmas för eller känna mig så misslyckad över.

I och med att Nouchine visade mig en studie gjord 2015 har jag även kommit att förstå att minnesforskare faktiskt trots allt har börjat intressera sig för denna minnesproblematik. Och jag har på nätet även själv stött på flera personer med liknande svårigheter, så jag förstår nu att jag inte är ensam om att ha sådana. Jag ska inte säga att just det senare känns skönt, för detta är inte en svårighet jag önskar någon annan, men det skänker ändå en slags lättnad. Det tråkiga är bara att det fortfarande finns så lite information att finna om denna sorts problematik. Ja, den är ju nästintill obefintlig.

Så när Christopher och Nouchine föreslog att de skulle skriva en fall-studie om mig och mina svårigheter sa jag därför inte nej, utan jag tog istället itu med att försöka besvara de frågor Nouchine ställde till mig. Jag hade dock inte räknat med att mitt svar skulle bli så här långt, även om jag inte precis är känd för min goda förmåga att fatta mig kort. Och jag hade verkligen inte en tanke på att det kanske även skulle kunna bli en bok av det hela. Nej, då hade jag nog inte vågat svara alls.

❧ ❧ ❧

Jag bör väl här kanske även förklara hur jag lagt upp denna text, hur jag tänkte när jag skrev den, och det kan väl bäst beskrivas med att jag som vanligt tänkte väldigt mycket. När jag funderar kring ett ämne brukar det nämligen dyka upp en faslig massa frågor och funderingar, och det har det under årens lopp givetvis gjort även vad gäller mitt självbiografiska minne. Jag radar alltså här upp funderingar jag haft genom åren, idéer om både det ena och det andra, och även om många kanske är både lite knasiga och okunniga har jag inte låtit mig stoppas av det utan helt enkelt låtit min hjärna få spåna fritt. Och det trots risken att det då kanske blir lite galet ibland. Ni som besitter stor kun-skap om vår hjärna och dess funktioner kan alltså härmed känna er varnade. Men jag kan också trösta er med att jag i det sista kapitlet även kommer att redogöra för åtminstone något av det vi faktiskt har kommit fram till. Och i appendixet hittar ni dessutom fallstudien jag nämnde tidigare.

När jag funderar brukar jag ofta göra det i form av ett slags samtal med mig själv, och det har jag gjort även när jag har arbetat med denna

15

text. Ibland blir det här alltså i det närmaste en diskussion mellan två olika Malin: en betydligt yngre och mer känslig upplaga och en som är mer distanserad och analyserande. En som dessutom besitter lite kunskap i både psykologi och neurologi, men som under årens lopp även har kommit underfund med att hon faktiskt bör ta sig tid att föra en dialog med den yngre upplagan eftersom de båda har mycket att lära av varandra.

Att skriva detta har visserligen varit väldigt nyttigt för mig. Ett sätt för mig att få alla mina funderingar samlade lite mer på ett och samma ställe, men även få möjlighet att skriva av mig och bearbeta åtminstone en del av allt det jag upplevt och varit med om inom psykiatrin. Jag kom nämligen att fara väldigt illa där, då jag blev felaktigt diagnostiserad eftersom kunskap om och förståelse för många av mina svårigheter inte fanns. Men jag ska inte sticka under stol med att jag även hoppas kunna nå ut till några av er andra med liknande svårigheter, särskilt om ni liksom jag känner er väldigt ensamma om att ha sådana och kanske dessutom känner både rädsla och skam över det. Jag hoppas nämligen att ni som eventuellt känner igen er i det jag här beskriver då kanske kommer att kunna känna en lättnad över vetskapen om att ni åtminstone inte är ensamma, utan att vi faktiskt är flera som delar denna verklighet.

En annan förhoppning jag har är att ni som läser detta men *inte* har liknande svårigheter – med bland annat minnet – kanske ändå kan få en ökad förståelse för hur det kan vara att leva med sådana. Att vi alla är olika och många av oss därför inte passar in i de för omgivningen så ofta självklara och "riktiga" mallarna, och som jag till exempel brukat våld på mig själv i försöken att passa in i. Och särskilt till vårdgivare skulle jag vilja säga att det nu är hög tid att *verkligen* börja lyssna på vad era patienter har att säga – om ni inte redan gjort det – och försöka se saker ur ett lite annorlunda perspektiv. Det är nämligen först då, anser jag, en ökad kunskap och förståelse verkligen kan växa fram. För även om vi visserligen lever i samma värld, lever vi ju långtifrån alla i samma verklighet.

Inledning

"Vad innebär det att sakna självbiografiskt minne?"

Hur besvarar jag egentligen den frågan? När jag fick den ställd till mig blev jag först än en gång helt svarslös. Ja, det kändes som jag blev helt tom inombords, och det trots att jag själv har funderat över frågan i så många år. Den är nämligen så svårbesvarad, och då menar jag inte bara rent konkret eller teoretiskt utan även när den är sedd ur en mer personlig synvinkel. Ja, den är väl snarare mer svår att ta sig an sedd ur den senare, skulle jag vilja påstå, så är det åtminstone för mig, eftersom svaret då blir så känslomässigt plågsamt.

Nu har det gått ett par veckor sedan frågan ställdes och mitt minne av själva mötet har redan börjat bli suddigt i kanterna, men denna tomhetskänsla bär jag fortfarande till viss del med mig. Det gör jag nämligen alltid.

Del I

1

Att sakna självbiografiskt minne

"Memories, even bittersweet ones, are better than nothing."

Jennifer Armentrout

Ja, vad innebär det egentligen att sakna självbiografiskt minne? Tomheten, som direkt dök upp när frågan ställdes, följdes snabbt av den välkända rädslan och av skam. För detta är en fråga som inte bara skrämmer mig utan som även får mig att känna en stor skam över mig själv.

Skam över att jag inte kommer ihåg personer som betytt väldigt mycket för mig, som jag både tyckt och tycker om och varit omtyckt av, på ett sätt som jag väl borde göra. Skam över att inte komma ihåg betydelsefulla händelser i mitt liv, vare sig de varit fyllda av glädje eller sorg. Och då särskilt om de även varit betydelsefulla för andra människor i min närmaste omgivning. Som exempelvis dödsfall, olyckor, födslar, dop, konfirmationer, eller större högtider och situationer överhuvudtaget.

När jag nu funderar över frågan börjar jag även känna en rädsla över att jag kanske har fel. Och den rädslan åtföljs förstås av en skam över att då fara med osanning och beklaga mig i onödan, särskilt som det finns människor med ofantligt mycket större minnessvårigheter än vad jag har. Jag kan ju inte säkert veta hur människor omkring mig minns sina liv och det de varit med om. Kanske skiljer det sig inte så mycket från mitt sätt? Jag kanske bara inbillar mig att jag har ett rent bedrövligt dåligt självbiografiskt minne? Jag kanske minns mitt liv utan att ha förstått det och kanske alltså bara blundar för något jag faktiskt kan se?

Jag anser ju själv att den sistnämnda rädslan är i det närmaste absurd, men jag kan ändå inte helt slå den ifrån mig. Särskilt som människor runt omkring mig, inklusive vårdgivare, oftast tycks ha så svårt inte bara att förstå vad jag beskriver utan även tro på att det faktiskt kan vara sant. Det är så lätt att börja tvivla på sig själv och sin upplevelse när ingen annan tycks se eller förstå den.

Men *jag* kan ju se att andra människor tycks ha tillgång till sina minnen på ett helt annat sätt än vad jag har. Jag kan bli helt förundrad och även smått avundsjuk – ja, det måste jag nog tyvärr erkänna – när människor beskriver olika händelser de varit med om och hur detaljrikt de många gånger också kan göra det. Men det som fascinerar mig allra mest är ändå hur de *ser ut* när de berättar detta, för det syns ju oftast tydligt att det händer något inom dem när de tänker tillbaka på vad de varit med om. Och *det* är verkligen något jag själv skulle vilja få uppleva.

Så trots dessa tvivel, rädslor och ett ganska tufft och bestraffande överjag vågar jag därför ändå påstå att faktum kvarstår: Jag har inte tillgång till ett fungerande självbiografiskt minne. Okej att jag inte *helt* saknar ett sådant, men det fungerar minst sagt bedrövligt dåligt. Och det är inte heller så att det bara handlar om att jag inte minns vissa delar av mitt liv. Nej, den här svårigheten att skapa, lagra eller kanske plocka fram minnen är något som fortgår än i dag, även om till exempel händelser från förra veckan åtminstone är något mindre suddiga än de som utspelade sig för ett par, tre månader sedan.

Med en liknelse skulle det kanske kunna beskrivas som att jag av någon anledning verkar dra ett stort suddgummi efter mig, som sakta men säkert suddar ut mina självbiografiska minnesspår. Eller i alla fall mycket stora delar av dem.

∥∥∥

Vid de få tillfällen jag ändå försökt och fortfarande försöker berätta om mina svårigheter, verkligen kämpar med att försöka finna orden att beskriva både hur dåligt jag minns det jag varit med om och hur dåligt jag mår av det, ja, då viftas det som sagt ofta bort av omgivningen. Som om ett dåligt självbiografiskt minne inte är något att bekymra sig över. Förståelsen finns där inte och istället får jag ofta en klapp på axeln i form av ord som: "Men kära du, *ingen* minns allt de varit med om i livet." När jag får ett sådant svar förstår jag att jag än en gång misslyckats med att förklara, men hur jag bör göra för att lyckas har jag fortfarande inget bra svar på.

Om jag bara rakt upp och ner säger att jag inte kan minnas något från när jag befann mig i en viss situation, ja, då kan jag till exempel få svaret att jag ju precis berättade att jag befunnit mig där, så uppenbarligen minns jag ändå *det*. Att kämpa vidare med att försöka förklara att

25

jag visserligen *vet* att jag befunnit mig där men likt förbaskat inte kan *minnas* det, kan då tyvärr ofta kännas ganska meningslöst. Förklara att det är en stor skillnad på *att veta* och *att minnas* – i alla fall för mig. *Att veta* är nämligen bara ett faktaminne som vilket som helst och skulle lika gärna kunna handla om någon annan. Det *känns* därför inte som ett självbiografiskt minne eftersom det inte ger någon genklang i kroppen.

Jag har ofta försökt beskriva det som att det jag berättar om mitt liv lika gärna kunde vara en romanfigurs levnadshistoria. Faktakunskap jag memorerat ur en bok och något som alltså inte känns vare sig levande eller verkligt inom mig. Och även om jag ändå har tillgång till en hel del fakta om mitt liv – som var jag bott, gått i skolan, vad jag jobbat med, viktiga händelser i min familjs och mitt eget liv etcetera – så är dessa faktabitar minst sagt diffusa och torftiga. Och väldigt många bitar fattas också helt och hållet.

Den livshistoria jag har att tillgå och hålla fast vid balanserar alltså väldigt ostadigt på ett högst begränsat antal faktastolpar utplacerade lite här och var. Stolpar som omges av ofantligt stora svarta områden jag riskerar att falla ner i om jag har otur, eller när orken att balansera inte riktigt räcker till. Och att de fallen kan vara minst sagt skrämmande att uppleva, behöver jag kanske inte påpeka?

Om jag också skulle ge mig på att försöka beskriva det diffusa och torftiga, skulle kanske min vetskap kunna liknas vid trasiga, svartvita fotografier av mycket dålig kvalitet. Till skillnad från det (bra) självbiografiska minnets stora 3D-utskrifter i färg, med känslomässig bakgrundsmusik.

⚜⚜⚜

Jag vet inte hur många gånger jag fått frågan om när denna minnesproblematik egentligen började, eller åtminstone när jag först lade märke till den, men svaret har med all säkerhet inte ändrats under årens lopp och är i skrivande stund fortfarande detsamma: Jag minns tyvärr inte. Det enda jag med säkerhet kan säga är att jag i dag har den och att jag själv tror att det ändå är en problematik jag måste haft med mig sedan barnsben, åtminstone i viss mån. Jag kan helt enkelt inte få det hela att gå ihop rent logiskt annars.

Men jag kan i min psykiatrijournal ändå läsa att jag funderat kring detta och sökt svar sedan åtminstone slutet av 1990-talet. Och eftersom jag där även kan läsa att jag började gå i terapi i början av nämnda 90-tal, borde det väl rimligtvis innebära att jag då om inte förr blev medveten om mina svårigheter på något sätt. Att gå i terapi utan att tala om sig själv och vad man varit med om torde väl inte fungera vidare bra, menar jag.

Trots att bristerna i mitt minne alltså innefattar hela mitt liv har jag lagt märke till att det ändå finns en utmärkande skillnad mellan mina minnen – eller snarare min vetskap – från före och efter tolvårsåldern. Före den skiljelinjen har jag nämligen inte tillgång till några som helst egna minnen, utan då handlar det enbart om vetskap som grundar sig på sådan information jag av andra fått berättat för mig. Efter den, däremot, börjar jag även få tillgång till information som endast kan ha sitt ursprung inom mig själv. Men, det handlar förstås fortfarande inte om minnen som de jag verkligen önskar jag hade tillgång till, utan de är i stort sett alla, om inte till och med *alla*, endast diffusa *jag vet att*-minnen.

✎ ✎ ✎

Jag förstår att allt detta kan vara svårt att förstå och föreställa sig om man själv inte har några större svårigheter med sitt minne. Jag har ju själv svårt att föreställa mig hur det vore att ha *tillgång till* ett bra självbiografiskt minne, även om den föreställningen nog ändå är lättare för mig eftersom jag ju trots allt har tillgång till ett ganska bra semantiskt minne. Jag har därmed ett minnessystem som jag i alla fall i viss mån kan jämföra med.

Däremot har jag svårt att förstå att det oftast viftas bort så lättvindigt. Är verkligen inte det självbiografiska minnet värt mer än så? Är det verkligen inte något som är viktigt att ha tillgång till? Jo, det är ju det, men de flesta människor tycks inte vara medvetna om det. De tänker inte närmare på det utan tar det bara för givet när det nu finns där.

## 2

Vad är ett självbiografiskt minne?

"Memory is the diary we all carry about with us."

Oscar Wilde

Innan jag går vidare med att försöka besvara huvudfrågan måste jag då förstås fundera över och försöka beskriva och förstå vad ett självbiografiskt minne faktiskt är. Och då främst hur *jag* definierar det, eftersom jag inte är säker på att ens minnesforskarna är helt ense om hur våra olika minnessystem bör uppdelas och benämnas.

Men hur det än är med den saken står det ändå klart att vi alla har berikats med ett stort antal olika minnessystem. Om jag tar mig friheten att kortfattat och mycket förenklat beskriva några av dem skulle det kanske kunna se ut som på bilden på nästa sida, där de streckade pilarna är mina egna funderingar (förklaras på kommande sidor).

Först kan minnen delas upp i explicita (eller deklarativa) och implicita (icke-deklarativa) minnen. Där de explicita är sådana som återkallas medvetet, till skillnad mot de implicita som inte behöver någon medveten erinring. Båda dessa minnen kan sedan delas upp i kort- och långtidsminnen.

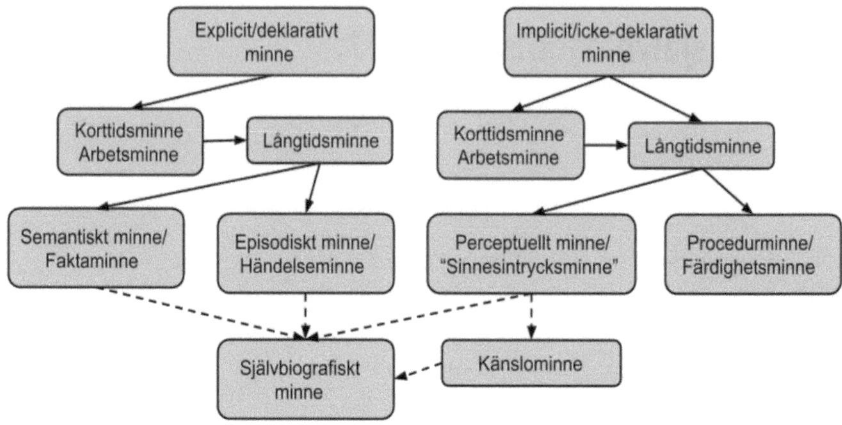

Figur 1: Olika minnessystem och hur de kan delas upp, där de streckade pilarna är mina egna funderingar.

Innan minnen kan skickas till långtidsförvaringen måste de nämligen först studeras och bearbetas i vårt korttidsminne. Det minnet arbetar jämt och ständigt, så arbetsminne kanske ändå är en bättre benämning. Långtifrån all information skickas sedan vidare härifrån; det mesta används bara där och då när vi för stunden behöver det och registreras alltså bara helt kort för att sedan glömmas bort. Men det är bara information som vi uppmärksammar som bearbetas i korttidsminnet, så vissa implicita minnen kan faktiskt därför ta även en genväg in till långtidsminnet, då vi till exempel kan inkoda (lagra in) intryck omedvetet.

Vad gäller skillnaden mellan arbetsminne och korttidsminne verkar minnesforskarna verkligen inte vara överens om vare sig benämning eller definition. Vissa anser att det är samma sak, andra att det är olika minnen, men eftersom gränsen mellan dem är så flytande har de, mig veterligen, ändå inte kunnat enas om hur en exakt uppdelning i så fall skulle se ut. För enkelhetens skull tänker jag mig alltså dem som i stort sett lika och använder mig av dessa båda benämningar som om de vore synonymer.

Till det implicita långtidsminnet hör det perceptuella och det procedurella minnet. I det procedurella minnet lagras kunskap om hur vi utför olika saker, som att cykla, simma, knyta skosnören etcetera. Och i det perceptuella minnet lagras information som gör att vi kan identifiera objekt och orientera oss i omvärlden, och minnen av olika sinnesintryck såsom syn- och hörselintryck, smaker och lukter. Det hjälper oss alltså att känna igen exempelvis en stol och ett bord och förstå vad de ska användas till, och gör att vi både kan känna igen och erinra oss smaken och lukten av exempelvis en apelsin.

Känslominnen torde väl alltså kunna sägas vara en del av det perceptuella minnet, eftersom våra känslor ju är upplevelser av biologiska förändringar i kroppen tillsammans med våra tankar och vårt sätt att tänka? Eller för att uttrycka det med neurologen Antonio Damasios ord: "En känsla är perceptionen av ett visst tillstånd i kroppen tillsammans med perceptionen av ett visst sätt att tänka och av tankar som rymmer vissa teman."

❦ ❦ ❦

Vad gäller det explicita långtidsminnet lade en kanadensisk psykolog vid namn Endel Tulving i början av 1970-talet fram sin åsikt om att detta bör delas upp i två delar: det semantiska och det episodiska minnet. Där han med det senare menade just vårt självbiografiska minne.

I det semantiska minnet lagras information och kunskap om allt mellan himmel och jord. Ja, det kanske kan beskrivas som vår inre uppslagsbok för främst *opersonliga* fakta. Som till exempel namn på länder och personer, kunskap om ords betydelser, tidpunkter för olika offentliga händelser etcetera. Eller varför inte en beskrivning av grannens senaste semesterresa. I det episodiska minnet, däremot, lagras *personliga* fakta. Information om händelser och episoder som kan placeras i tid och rum och som är konkret sammanbundna med våra egna upplevelser. Här återfinns alltså till exempel mycket av informationen som behövs för att beskriva *vår egen* senaste semesterresa.

Trots likheterna – att de båda är något av uppslagsböcker – noterade Tulving att det finns skillnader i dessa båda minnessystem vad gäller både hur bearbetningen av informationen går till och vilken information som bearbetas. Med han noterade också ett samarbete: att ett nytt episodiskt minne påverkas av information som redan finns i det semantiska minnet, att minnet först måste passera genom det semantiska området innan det kan slå sig till ro i det episodiska. Och vice versa: det semantiska minnet kan få sig ny information till livs genom sitt samarbete med det episodiska.

När jag nu skriver ”område” låter det som om våra minnen skulle ha sin alldeles egen givna plats, men så är det förstås inte. Nej, många olika områden utspridda över hela vår hjärna behöver samarbeta för att vi ska kunna göra sådant som ofta känns så enkelt för oss.

Definitionen av ett episodiskt minne har förändrats något under åren. Från att innehålla kunskap om vad, var och när något personligt hänt, till att även inkludera själva upplevelsen av att tänka sig själv i ett scenario. För att ett minne ska kunna kallas episodiskt krävs alltså att det finns en kunskap och medvetenhet om att det är vi själva som upplevt det vi minns.

Är då inte självbiografiskt och episodiskt minne samma sak? Jo, enligt Tulving är det nog det, även om han håller fast vid den neutralare benämningen episodiskt minne. Men ser man till vad en del andra forskare anser vet jag ärligt talat inte; det tycks råda motsättningar vad gäller både definition och benämning.

Själv har jag lite invändningar mot att det episodiska minnet anses vara ett explicit minne, trots att jag är väl medveten om att episodiska minnen kan återkallas medvetet. Ett sådant minne innehåller ju även en medvetenhet om att det är något som vi själva har upplevt, alltså någon form av känsla, medveten eller inte. Och även en emotionell laddning, vare sig vi kan återkalla känslan tillsammans med minnet av händelsen eller bara kan erinra oss hur vi kände när händelsen utspelade sig. Dessutom innehåller det ju ofta även minnet av något sinnesintryck, som till exempel ljud, smak eller lukt. Det borde väl då snarare placeras i något gränsland mellan explicit och implicit minne?

Och om man jämför benämningarna – episodiskt och självbiografiskt – anser jag att det är en väldigt stor skillnad på en episod och en självbiografi. Biografier över våra liv innehåller ju så mycket mer än bara de episoder vi kan återkalla, som till exempel när och var vi är födda och olika fakta som andra har berättat för oss om hur vi varit som personer och vad vi varit med om. Sådant som vi visserligen inte själva minns men ändå införlivar i våra levnadshistorier. Så trots att definitionerna i det stora hela sammanfaller anser jag ändå att ett självbiografiskt minne är något lite annorlunda: Det är ett minne där känslor och episodisk, semantisk och perceptuell information blandas samman. Men där det också återfinns en medvetenhet om att det faktiskt är något vi själva har upplevt. En medvetenhet som ger en känsla, en slags genklang i kroppen.

❧ ❧ ❧

En egenskap hos självbiografiska minnen är att de kan skilja sig åt när det gäller i vilken grad de liknar kopior eller är rekonstruktioner av den ursprungliga händelsen (Cohen, 1996). Vi kan alltså minnas händelser antingen ur ett observatörsperspektiv eller ett fältperspektiv. När vi återkallar minnet ur ett observatörsperspektiv ställer vi oss på åskådarplats och ser händelsen lite från håll och kan på så sätt bättre reflektera över det. Om vi däremot återkallar minnet ur ett fältperspektiv ser vi händelsen som när den inträffade, alltså från det perspektiv vi hade när vi befann oss där mitt i händelsernas centrum.

Observatörsminnen kan därför inte vara kopior av den ursprungliga händelsen, de måste vara rekonstruktioner, medan fältminnen mer liknar kopior och därför också brukar vara mer levande. Vanligtvis gäller att ju färskare ett minne är ju mer liknar det en kopia, är alltså ett fältminne, medan äldre minnen med tiden alltmer intar formen av ett observatörsminne. Handlar det om ett riktigt känsloladdat minne är det troligast att också det är sett ur ett fältperspektiv, och särskilt gäller detta vid traumatiska minnen.

✍ ✍ ✍

Här måste väl då kanske inflikas att det vi här talar om är händelser vi har lagt på minnet. Självklart, men ändå. För det är ju så att det mesta vi tar oss för och upplever dagligdags om inte går oss helt spårlöst förbi, så i alla fall bara registreras helt kort för att sedan förpassas till glömskans land. De blir aldrig ens några långtidsminnen. Nej, det är faktiskt väldigt få händelser vi överhuvudtaget anser vara mödan värt att spara som självbiografiska minnen, och vad som hjälper oss att avgöra det är våra känslor. För just känslor är nämligen ett riktigt bra minnesklister.

Det som också är värt att ta i beaktande är att det utöver den "vanliga" förmågan att skapa – eller om det handlar om att återskapa – självbiografiska minnen även finns de som har extrema varianter av den. Som de (mycket fåtal) människor som har ett verkligt superminne och kan tala om vad de gjort nästan varje dag i sitt liv. Det som kallas hypertymesi eller HSAM (Highly Superior Autobiographical Memory). Och nyligen har man även upptäckt att det motsatta tillståndet finns, det som kallas Severely Deficient Autobiographical Memory. Då gäller förstås att personer med SDAM istället saknar tillgång till just sina självbiografiska minnen, även om de har ett välfungerande semantiskt minne. Man kan utan tvekan säga att jag har en variant av det senare.

De flesta av dessa minnen samlar vi sedan samman i mer generella kategorigrupper och placerar även in dem under olika tidsskeenden i vårt liv. Som till exempel vår tidigaste barndom, skoltiden, familje- eller arbetslivet etcetera. Detaljer är därför det första som får känna på vårt inre suddgummi. Det som blir kvar är en mer generell bild med en viss, om än så svag, kanske till och med omedveten, känslomässig laddning.

Säg till exempel att vi får i uppgift att försöka föreställa oss en åktur vi haft i en bil, inte minns vi väl då alla detaljer om vare sig bilen eller oss själva? Eller alla detaljer om allt som fanns och utspelade sig omkring oss? Nej, troligast är väl att vi "bara" kan erinra oss känslan kring en sådan resa i stort. Om vi tycker det är behagligt eller stressande att köra; om vi hellre brukar vilja sitta bredvid; eller kanske helst inte vill åka alls eftersom vi lätt blir åksjuka etcetera? Den biltur som eventuellt ändå sticker ut lite extra, och vi alltså minns bättre än så här, är den där det hänt något utöver det vanliga och som fått oss att känna mer än vi brukar göra vid en vanlig biltur. Vi såg kanske en olycka eller var själva inblandade i något missöde. Ja, vi kanske till och med krockade med vår blivande partner etcetera. För just känslor är som sagt ett riktigt bra klister.

På tal om detta med detaljer och att de (oftast) är det första som får stryka på foten, så är det faktiskt ett mycket smart grepp av vår hjärna: att inte memorera precis allt utan istället kategorisera och föra samman i olika grupper. Visst kan vi väl ofta bli smått frustrerade när vi inte kan minnas vissa detaljer i olika situationer, men motsatsen skulle nog inte heller kännas vidare bra.

För att fortsätta på biltemat skulle det ju i så fall kunna föra med sig att vi när vi till exempel behöver göra oss en snabb föreställning om vad en bil är, skulle riskera att fastna i ett oändligt frammatande av minnesbilder av alla bilar vi någonsin sett – storlek, färg, märke, årsmodell etcetera – men även av de olika situationer där vi sett dem, istället för att bara snabbt måla upp en mer generell bild inom oss. Själv tänkte jag mig nu en penningslukande kloss på fyra hjul.

Den här förmågan att kategorisera och generalisera innebär också att vi kan tänka abstrakt och därmed lättare kan förstå till exempel innebörden i metaforer och allegorier – sådana jag som synes har en förkärlek för – sådant en person med ett mer extremt detaljminne kan ha svårt att göra. Det finns ju till och med ett uttryck för just det: att man inte ser skogen för alla träd.

Det är alltså bra att vi glömmer så många detaljer som vi gör eftersom vi annars skulle ha svårt att få fatt det som verkligen är viktigt för oss att komma ihåg. Och det kan ju handla om alltifrån de vardagliga småsakerna, som att vi hade bestämt träff med en kompis eller vad det var vi behövde handla, till det som faktiskt är allra viktigast för oss. Nämligen det som ser till vårt välbefinnande eller till och med till vår överlevnad. Då är detaljer ofta mindre viktiga, istället räcker det gott med att vi minns hur något har känts för att sådana minnen sedan ska kunna vägleda oss framöver. Om det varit tråkigt eller roligt; smärtsamt eller behagligt; hotfullt och skrämmande eller till skydd och tröst etcetera.

Har vi till exempel läst ett antal fantasyböcker eller sett liknande filmer och tyckt om det, ja, då har vi skapat oss minnen som sedan snabbt kan vägleda oss nästa gång vi ska köpa en bok eller se en film. Och har vi mått illa när vi åkt olika tivoliattraktioner eller i vissa fordon, så lär ju det senare påminna oss om att det kanske inte är mödan värt att prova det igen. Eller så har vi kanske upplevt något riktigt otäckt på vår tidiga (eller sena) joggingtur som sedan får oss att nästa gång välja att motionera vid en annan tidpunkt.

# # #

För att då återgå till observatörs- och fältminnen, så stämmer det nog att minnen *vanligtvis* ses ur ett fältperspektiv när de är färska för att sedan alltmer gå över till att ses ur ett observatörsperspektiv. För de flesta av oss människor har nog ändå lättare att först minnas hur *vi själva* upplevde händelsen – vad vi tänkte om den, kände etcetera – innan vi sedan även kan börja reflektera över händelsen i stort och vad som utspelade sig runt omkring oss. Då kanske vi även kan fundera kring hur andra personer kan ha upplevt det hela och på så sätt kunna omvärdera vår egen upplevelse och förändra minnet något.

Men det är klart att det även här måste finnas undantag, och när jag nu tänker på det är faktiskt jag själv ett sådant. Jag försökte till exempel först endast återkalla minnena av de traumatiska händelser jag upplevt ur ett observatörsperspektiv. För att sedan alltmer försöka övergå till ett fältperspektiv och då även införliva de känslor jag troligtvis kände vid händelserna, något jag helst ville slippa göra igen. För att så till slut återigen inta en observatörsroll och då också lättare kunna reflektera över det som hänt.

Detta handlar då främst om väldigt känsloladdade minnen, både negativa och positiva sådana, men hur är det då med de mer neutrala? Ja, själv försöker jag nog alltid se det jag upplever ur ett observatörsperspektiv och har kanske till och med svårt att göra annorlunda. Jag är en åskådare som försöker räkna ut vad som händer runt omkring mig, och som då även försöker se mer till hur andra människor kan tänkas uppleva det hela än lägger ner kraft på att klura ut vad som egentligen händer inom mig själv. Något som inte är speciellt lyckat alla gånger, men det återkommer jag till senare. Om *jag* då kanske gör så i flertalet situationer, är det väl inte orimligt att tro att många andra människor gör något liknande vid åtminstone mer neutrala händelser? Och just neutrala minnen är ju också de mest lättflyktiga, de mest lätta att både förändra och sudda ut.

/ / /

Våra minnen förändras alltså med tiden. Ja, de omvandlas faktiskt lite för var gång vi återkallar dem, eftersom den nya kunskap och erfarenhet vi samlar på oss med åren också påverkar våra minnen. Och det känslomässiga stämningsläge vi befinner oss i när vi ser tillbaka på ett minne färgar också av sig. Att våra minnen förändras så här kan förstås göra att de kan vara lite bedrägliga. Men samtidigt är denna förändring oss oftast till godo eftersom vi själva också står i ständig förändring, och minnen kan då behöva förändras något för att passa in i vår nuvarande livssituation. Våra minnen ska vara oss till hjälp, det är inte vi som ska anpassa oss efter dem.

När det kommer till riktigt smärtsamma eller traumatiska minnen är väl denna förmåga till förändring alldeles fantastisk, då vi med tiden kanske kan komma att se tillbaka på sådana utan att plågas lika mycket som när de var färska. Ja, de minnena kan då kanske till och med stärka oss när de till exempel ger oss kunskap om vad vi klarat av och orkat med. Denna förändring gäller förstås även för positiva minnen, och om vi till exempel har upplevt något riktigt glädjande kommer vi säkert först minnas det ur det här mer uppspelta perspektivet. Men sådana känslor sitter ju vanligtvis inte i speciellt länge och lär väl därför inte heller göra det i minnesform, utan när euforin har lagt sig lär vi nog ha lättare att även minnas andra detaljer av händelsen.

Minnen kan förstås även ändras åt andra hållet eftersom vi verkligen vill hålla fast vid det som varit positivt och fint. Våra föräldrar har ju till exempel en benägenhet att komma ihåg hur mycket glädje vi gav dem och hur glada och duktiga vi var som barn, och de pratar inte gärna om allt det som också måste ha varit mycket påfrestande. Många händelser kanske egentligen inte var så roliga och spännande som vi gärna vill minnas dem, utan det handlar då snarare om att vi av olika anledningar har pimpat upp minnet lite mer allteftersom. Ett bra exempel är väl hur den där lilla fisken vi fångade på semestern bara tycks bli allt större för var gång vi återberättar händelsen.

3

Behöver vi självbiografiskt minne?

"Everybody needs his memories. They keep the wolf of insignificance from the door."

Saul Bellow

Varför skapar vi då självbiografiska minnen? Är inte det onödigt och ett slöseri med hjärnans resurser som vi bättre skulle behöva här och nu och för att ta oss an framtiden? Har vi tillgång till minnen av vårt förflutna bara för att kunna ägna oss åt en stunds navelskådning när vi har lite tid över? Eller kanske för att kunna se tillbaka på resor och spännande upplevelser vi varit med om, när inget av intresse sänds på tv? Nej, inte kan vi väl ha blivit berikade med ett sådant avancerat minnessystem om det inte hade haft viktigare funktioner än så?

1951 publicerades författaren William Faulkners välciterade ord: "The past is never dead. It's not even past". Så är det, och jag kan här med bland annat minnesforskaren Pontus Waslings hjälp – i vars bok jag funnit många målande beskrivningar – komma på och rada upp flera exempel på varför vårt minne är så viktigt för oss.

///

Forskarna tycks vara ense om att den viktigaste anledningen till att vi skapar dem är för att bättre kunna ta oss an och anpassa oss till framtiden. Eftersom framtiden redan är här när jag skriver nästa ord kan vi dock lägga till att de även hjälper oss i nuet. Vi använder oss av våra erfarenheter för att kunna hantera alla de olika situationer vi dagligen utsätts för. Men vi använder dem också för att planera för morgondagen eller den framtid vi eventuellt kommer att vara en del av, vare sig det är en vi verkligen önskar oss eller en vi helst vill slippa.

Vi gör oss föreställningar, eller vi kan kalla det "framtidsminnen", om vad som komma skall med hjälp av all den kunskap och erfarenhet vi redan samlat på oss, och nya föreställningar när ytterligare kunskap och erfarenhet läggs till. Våra självbiografiska minnen återanvänds alltså ständigt men förändras också något för var gång vi använder dem. Vi får här dock inte glömma att minnen ju är så mycket mer än bara det vi minns av olika episoder i livet. Ja, färdigheter, inlärda vanor och känslor (omedvetna eller inte) är nog ändå det som styr och påverkar oss allra mest.

Men självklart har våra självbiografiska minnen även stor betydelse för oss i många andra situationer. De hjälper oss till exempel att göra oss en bild av vilka vi är eller anser oss vara och hur vi passar in i vår omgivning. De hjälper oss även att skapa en känsla av ett "jag". Men å andra sidan behöver vi väl också ha tillgång till känslan av ett "jag" för att kunna skapa oss självbiografiska minnen? Lite som: *Vad kom först, hönan eller ägget?*

Vår levnadshistoria binder oss samman med det förflutna. Ja, våra minnen kan kanske liknas vid rötter som sträcker sig ända ner till vår barndom, där de förankrar oss och ger oss en grund att stå på. Och eftersom vi även använder våra minnen för att konstruera bilder av framtiden hjälper de oss också att känna att vårt "jag" är något som är kontinuerligt och beständigt genom livet, trots att vårt liv och dess historier ständigt förändras.

De hjälper oss också att göra oss en bild av *andra människor*, av hur de möjligen kan komma att bete sig och kanske tänka och känna, baserat på tidigare erfarenheter från liknande situationer. Och självbiografiska minnen kan i kontakten med andra människor även underlätta för oss rent konkret. Ja, hur många samtal utan någon form av utbyte av minnen för vi egentligen under vårt liv, om ens några alls?

Att lyssna till andras levnadshistorier och berättelser är något jag tycker mycket om, så att sådana verkligen kan berika möten för stunden har jag förstås erfarenhet av. Men sådana minnen och berättelser kan ju även innebära att banden till andra människor stärks. När vi delar med oss av våra erfarenheter, ger någon annan förtroendet att lyssna och själva får ta emot ett sådant förtroende, kan ju detta inte bara innebära att vi lär känna varandra bättre utan även att en allt starkare tillit till den andre kan växa fram.

Vi nöjer oss alltså inte med att ha tillgång till endast våra egna minnen, utan de flesta av oss vill bara ha mer. Ja, vi tycks alla ha ett omättligt behov av historier. Jag är ju långt ifrån ensam om att tycka om att få ta del av andras berättelser, vare sig det sker i muntlig form eller i den för mig så älskade bokformen. Och berättelserna behöver ju inte heller enbart vara intressanta eller till gagn för oss i just kontakten med andra människor, nej, de kan även vara oss till hjälp rent praktiskt. De kan vara lärorika på många sätt; vi kan ju till exempel ta lärdom av andras erfarenheter och på så sätt slippa att själva behöva göra om samma misstag.

※ ※ ※

Att livet består av både upp- och nedgångar är vi alla medvetna om. Och kanske även det att det då kan vara guld värt att kunna hålla fast vid något positivt minne när vi befinner oss där nere i någon av dalarna. När vi mår dåligt och är ledsna kan det ju onekligen kännas bra att kunna tänka tillbaka på något som kanske kan få oss att skratta, eller i alla fall dra på munnen. Okej att det kanske inte botar oss, men det kan i alla fall muntra upp för stunden och det kan många gånger vara gott nog.

Tänk också om vi när vi är sjuka inte alls skulle kunna göra oss någon föreställning om att det kommer att bli bättre – och då menar jag inte någon progressiv sjukdom – inte skulle kunna tänka: att maginfluensan härjar med mig nu innebär inte att jag kommer att få tillbringa resten av livet liggandes här i badrummet. Och även det att ha tillgång till minnen av personer vi håller kära kan väl vara förtröstansfullt i många svåra stunder?

Nu finns det tyvärr också ett problem här, och det är att vilka minnen vi "väljer" att återkalla i så hög grad påverkas av det känslomässiga

44

tillstånd vi för stunden befinner oss i. Så när vi mår riktigt dåligt kan det ibland vara i det närmaste omöjligt att få fatt i något positivt minne, eftersom vår hjärna först letar i den delen av vår minnesbank som innehåller minnen av då vi befunnit oss i liknande sinnestillstånd. Vi behöver då mer aktivt försöka styra våra tankar till en mer positiv del av banken. Och när vi är stressade och oroliga försämras även själva förmågan att återkalla minnen, även om de finns där inne någonstans. Det kan alltså i allra högsta grad handla om att vi stött på ett mycket svårforcerat fysiologiskt hinder när vi ibland inte kan tänka positivt, som när vi vid depressioner dels får minnessvårigheter, dels fastnar i en ond spiral av negativt tänkande.

§ § §

Ja, minnen genomsyrar helt enkelt – nåja, så enkelt är det förstås inte – hela vårt liv vare sig vi är medvetna om dem eller inte, så det är klart att de är viktiga. Men som med allt annat gäller devisen "lagom är bäst" även här, för varken det att fastna i det förflutna eller att alltför intensivt jaga efter goda "framtidsminnen" är ju speciellt bra för oss.

Inte är det precis trevligt eller konstruktivt att: ständigt återuppleva plågsamma minnen; älta tråkiga händelser och gamla oförrätter; eller visserligen minnas det goda men alltför envist hålla fast vid att allt minsann var bättre förr. Och inte heller är det nyttigt att i det närmaste springa benen av oss i jakten efter perfekta utbildningen och boendet, eller spännande upplevelser och resor, eller kanske lyckan. Nej, det är viktigt att inte heller glömma av att försöka uppleva vad som faktiskt händer oss här och nu. Att försöka leva i nuet.

Hur är det då för mig, har jag missat den informationen? Har jag kanske fastnat i det förflutna och ältar gammal skåpmat om och om igen, när jag istället skulle behöva leva i nuet och blicka framåt? Jag har ju onekligen hört det sägas, eller i alla fall antydas, oräkneliga gånger av till exempel personer jag träffat inom psykiatrin.

Nog för att jag bär på både trauman och svårigheter som jag återkommer till, men att det skulle handla om ett ältande håller jag då rakt inte med om. Att jag ändå funderar över episoder och händelser i mitt förflutna beror främst på att jag inte minns dem (ja, faktiskt) och därför försöker skapa någon form av bild av dem, men också försöker förstå och reda någon slags ordning i det hela. Men att jag tycks ha fastnat i *vissa* händelser kan jag inte sticka under stol med. För även om jag inte minns själva händelserna längre minns min kropp mycket av vad jag varit med om. Det har skapats känslominnen som dels ligger på lur och surrar i bakgrunden, dels ibland gör sig påminda när jag minst anar det och då kan komma tillbaka i någon form av flashbacks.

Eller i alla fall något som liknar sådana. Jag har nämligen funderat på om allt som jag tidigare kallat flashbacks egentligen bör kallas så. Att åtminstone några händelser jag varit med om har skapat just sådana, anser jag förstås. Men sedan finns då alla händelser och framför allt ljud – ja, det verkar faktiskt som att vissa ljud är mest triggande för mig – som jag utsatts för vid så många olika tillfällen och under så långa tider. Ja, till och med flera år. När *de ljuden* eller något som liknar dem nu dyker upp borde kanske den ångest, rädsla och stress jag då känner istället betecknas som betingade känslor? Men i vilket fall som helst anser jag förstås ändå att det handlar om någon form av posttraumatisk stress, och då dessutom en komplex sådan (c-PTSD).

4

Traumatiska minnen – eller minnen av trauman

"Joy's recollection is no longer joy, While Sorrow's memory is a sorrow still."

Lord Byron

Jag har många gånger hört och läst att det väl måste vara skönt att slippa minnas plågsamma och svåra händelser, men så enkelt är det ju inte. Riktigt plågsamma upplevelser kan även om vi inte minns dem likt förbaskat sitta kvar i kroppen, som hela eller fragmentariska känslominnen, och ibland komma tillbaka som flashbacks då vi återigen känner det vi gjorde när händelsen utspelade sig. Men de kan även sitta kvar som en slags ständigt molande oro och ångest, om än så svag och kanske till och med omedveten. Och så tror jag bestämt att det ofta är – men framför allt har varit tidigare – för mig. Jag tycks nämligen stå i ett ständigt beredskapsläge, i givakt, för att på så sätt slippa överraskas – vilket jag naturligtvis ändå gör – av det hemska och plågsamma som eventuellt kan dyka upp.

Men även det att jag *inte minns* bidrar förstås till detta ständiga oros- och stresstillstånd. Ja, numera kanske det ändå är det som bidrar allra mest, eftersom jag ju i dag ändå har lyckats bearbeta många trauman i åtminstone någon mån. Och här tänker jag då inte endast på det att inte kunna minnas mitt *förflutna*, utan också på min oförmåga att skapa mig mer tydliga *"framtidsminnen"*. Att inte kunna föreställa mig själv i en kommande framtid är nämligen fruktansvärt ångestframkallande! Men detta återkommer jag till lite längre fram.

Hur ska då vi som plågas av sådana här orostillstånd och plågsamma flashbacks göra? Är det överhuvudtaget möjligt att få till någon förändring? Ja, det vet jag att det är. För även om jag som sagt fortfarande plågas av det ibland är det inte på långa vägar lika illa som det var för låt oss säga fjorton-femton år sedan. Nej precis, jag minns förstås inte riktigt hur jag kände då, men jag *vet* att det stämmer, mycket tack vare att jag har tillgång till min journal.

I dag är därför mina flashbacks extremt sällsynta, åtminstone i sin allra renaste form, men som fragment kan jag tyvärr fortfarande stöta på dem – eller om jag då snarare borde kalla dem betingade känslor. Jag kan till exempel ibland bli stressad och ångestfylld av vissa tonlägen i röster som påminner mig om mammas sjukdom, men påverkas än starkare av sådant som påminner mig om andra plågsamma situationer jag varit med om inom främst psykiatrin. Och det trots att jag alltså inte ens kommer ihåg situationerna närmare.

Den vanligaste varianten har väl genom åren annars varit av sorten att de förstärkt känslor som redan startat av någon annan anledning. Det kan kanske därför ha tyckts som att jag ibland har överreagerat i vissa situationer, eller att reaktionen till och med varit oförståelig. Men, det ska tilläggas att dessa reaktioner också – ja, sannolikt till och med i mycket högre grad – berott på andra svårigheter jag har och som människor tycks ha svårt att förstå att jag kan må så dåligt av. Som till exempel överraskningar, förändringar eller alltför mycket liv och rörelse omkring mig. Eller det viktigaste av allt: att jag inte alltid förstår situationen, omvärlden eller ens mig själv ordentligt.

/// /// ///

Här är det nog på sin plats att inflika att det är en stor skillnad mellan ett traumatiskt minne och minnet av en traumatisk händelse. En distinktion jag tyvärr måste erkänna att jag själv har slarvat med fram tills det att jag nu skriver dessa rader. Det finns nog många ord och uttryck vi använder oss av lite slarvigt i vårt dagliga liv, och det trots att vi egentligen är väl medvetna om vad de betyder.

När ett traumatiskt minne återkallas återupplever vi verkligen den forna händelsen både sensoriskt och känslomässigt. Lika starkt som vi gjorde då den utspelade sig. Vi kan alltså åter bli i det närmaste stumma på grund av styrkan i minnet. När *minnet av* en traumatisk händelse, däremot, dyker upp kan vi skilja på då och nu. Känslorna blir därför av ett helt annat slag eftersom de inte bara är mer förankrade i nuet utan även har kommit att dämpas med tiden. Minnet kan givetvis fortfarande vara mycket plågsamt, men vi har då ändå möjlighet att sätta ord på det och även förändra vårt sätt att tänka och känna kring det, även om det förstås kan vara svårt. Vi har då mer kontroll över minnet och de känslor som är förknippade med det, och inte tvärtom som vid ett traumatiskt minne. Flashbacks är alltså minnen eller minnesfragment av sådant vi blivit traumatiserade av.

För att kunna ta itu med traumatiska minnen måste vi för det första försöka närma oss dem och börja våga tala om dem, vilket enligt det jag skrev tidigare alltså kan vara i det närmaste omöjligt. Inte bara för att känslorna kan vara så starka att de gör oss stumma, utan även för att vi ju helst vill slippa kännas vid dem och då plågas så igen. Jag hade nog aldrig kommit vidare till att kunna föra ett samtal med mig själv, som jag anser att jag oftast kan göra i dag, om jag inte först fått göra det tillsammans med någon som var mer kunnig på området. Nej, jag hade väl då snarare fortsatt att försöka undvika minnesfragmenten.

Det är alltså inte speciellt lyckat att stoppa in minnena i garderoben, bestämt slå igen dörren och tro att vi då gjort oss av med dem – även om det förstås ibland kan vara nödvändigt för stunden, eller kanske till och med sker helt omedvetet som vid dissociation. Och inte heller göra som jag ofta har försökt: inta rollen som en extremt logisk och oberörd åskådare som inte alls vill kännas vid något sådant som egna känslor, när jag väl plockat fram olika minnen – eller i mitt fall då snarare vetskap – eller på något annat sätt blivit påmind om dem. Nej, förr eller senare kommer de där känslorna ändå ifatt oss, så bäst är nog ändå att försöka ta tjuren vid hornen. Hur plågsamt och skrämmande det än kan vara.

Jag skrev ju tidigare att traumatiska minnen återkallas ur ett fältperspektiv, vilket gör dem så här levande, och att observatörsminnen, däremot, är rekonstruktioner och alltså har förändrats något. Då blir väl den logiska slutsatsen att det vore bra om vi kunde hitta något sätt som kunde hjälpa oss att byta perspektiv när traumatiska minnen återkallas, så att vi istället kan se på dem som minnen av trauman. För det är ju precis det som måste till, att vi sakta men säkert måste försöka lära oss att se tillbaka på minnet utifrån den situation vi befinner oss i *i dag,* när vi förhoppningsvis har helt andra förutsättningar att både förstå och hantera händelsen bättre rent känslomässigt.

Men, vi kan alltså inte inta det här perspektivet direkt, först måste vi tyvärr plöja upp det fastfrusna fältminnet på något sätt.

✎ ✎ ✎

Men om man då som jag inte har tillgång till minnen av de traumatiska händelserna, eller de i alla fall är extremt diffusa? Jag har faktiskt ändå haft (och har) stor nytta av att samtala om det jag varit med om. För eftersom jag åtminstone har vetskap om att till exempel mamma var sjuk under stora delar av min ungdom, och även vetskap om hur episoden i det stora hela såg ut – och ett fåtal mer specifika händelser – har gjort att jag genom ett logiskt resonemang åtminstone kunnat skapa mig om inte ett minne så i alla fall en bild av hur det *antagligen* såg ut. Visserligen en minst sagt diffus och i det närmaste overklig bild, eftersom jag inte bara har problem med att minnas utan även med att föreställa mig något, men en sådan bild är ändå bättre än ingen alls. Det kan också tilläggas att bilden med allra största sannolikhet är förskönad, verkligheten var nog tyvärr mycket mer skrämmande.

Tyvärr har jag också farit mycket illa i kontakten med psykiatrin, och alltså skapat mig traumatiska minnen och minnesfragment från den långa tid jag varit patient där. Ja, faktum är att jag har blivit mycket mer traumatiserad av kontakten med delar av den än vad jag någonsin

51

blev av mammas sjukdom. Sorgligt men sant. Och då menar jag inte den kontakt jag hade med psykiatrin *på grund av* hennes sjukdom, utan den jag senare fick när jag även beslutade mig för att söka hjälp för egen del.

Det var nämligen fruktansvärt skrämmande, stressande och ångestskapande att år ut och år in behöva kämpa med att försöka förstå psykiatrin i sig och hur den fungerade och vad som där förväntades av mig som patient. Och då känna mig så oerhört ensam, utelämnad och misslyckad när jag oftast inte klarade av det utan istället bara kom att må allt sämre. Det har tyvärr satt djupa spår som påverkar mig än i dag, både i kontakten med psykiatrin och den somatiska sjukvården. Jag har till exempel fått än svårare att be om hjälp och stå upp för mig själv, och har även alltför lätt att lägga skulden på och förakta mig själv när kontakten med sjukvården inte fungerar som den ska eller jag blir illa behandlad där.

Men i vilket fall som helst är dessa minnen många gånger lättare att få vetskap om och då också arbeta med, eftersom jag har tillgång till min journal och därför lättare kan pussla ihop olika bilder och scenarier. Jag har ju också haft förmånen att bearbeta många av dem på vägen, om jag säger så, eftersom jag i alla fall har haft tillgång till två fantastiska psykologer. Det ska dock erkännas att jag nu likt förbaskat återigen känner just en mycket stor rädsla och stress när jag tänker på vad psykiatrin kan tänkas ha för åsikter om de funderingar och erfarenheter jag här försöker dela med mig av. För kanske har jag ändå mig själv att skylla i mångt och mycket och därmed inte rätten att vare sig beklaga mig eller sörja på det här sättet?

Utifrån dessa bilder har jag dock sedan ändå kunnat – och gör alltså så fortfarande – arbeta med mig själv. Lära mig inte bara att förstå hur viktiga våra känslor faktiskt är och att vi därför inte bör köra dem på porten – något jag tidigare gjorde och tyvärr fortfarande gör ibland – utan även bättre kunna hantera de plågsamma och skrämmande känslor som ibland dyker upp. Känslor som alltså ofta hänger samman med sådant jag tidigare varit med om. För när jag kan sätta in dessa i ett sammanhang kan jag också lättare förlika mig med dem; det jag förstår har jag nämligen lättare att hantera. Så med åren har jag därför sakta men säkert blivit lite snällare och mer rättvis mot mig själv, både när olika känslor dyker upp och när något inte fungerar som det ska eller till och med blir helt fel. Jag tar exempelvis inte längre ensam på mig hela ansvaret för den okunskap och de brister som ju faktiskt finns inom sjukvården. Eller försöker i alla fall att inte göra det.

❧ ❧ ❧

Trots att mina flashbacks blivit så mycket färre och lättare att hantera finns de ju ändå i viss mån kvar, och än mer svåra att utplåna är alltså de känslor jag nu valt att istället kalla betingade. Vad gör att dessa tycks vara så livskraftiga?

När vi upplever något som är riktigt jobbigt, något riktigt plågsamt eller skrämmande, och sedan inte får möjligheten att bearbeta händelsen ordentligt – bland annat under sömnen, som ju ofta är störd efter en skrämmande upplevelse – kan vi drabbas av något som kallas post-traumatiskt stressyndrom (PTSD). Och då är just flashbacks, men även återkommande mardrömmar, vanligt förekommande. Det handlar om minnen som liksom frusit fast i tid och rum. De olika känslomässiga minnesbitarna har visserligen sparats i, som jag tror, det perceptuella minnet där de hör hemma, men där snurrar de sedan runt i en evighetsloop. Och styrkan i dessa bitar har inte heller dämpats med tiden, som den normalt brukar göra, utan den är lika stark som vid händelsen.

Sådana minnen kan tyvärr sedan komma att genomsyra hela vårt liv: Vi kan vara ångestfyllda och ständigt stå i en slags beredskap; har vi tillgång till detaljrika minnen kan vi utöver eventuella flashbacks även komma att undvika situationer som på allra minsta sätt liknar den ursprungliga händelsen; har vi inte tillgång till detaljer kan vi ändå överraskas av flashbacks och då istället ständigt oroa oss för nya sådana och även undvika platser där de dök upp. Och tyvärr kan vi även komma att börja se på oss själva på ett helt nytt sätt. Vi kan skapa oss en mycket negativ självbild där skam- och skuldkänslor kan bli både starka och genomgripande. Något jag tyvärr är alltför medveten om och faktiskt ofta kämpar med än i dag.

Om jag nu har det hela någorlunda klart för mig, så har det i bland annat olika områden i den sensoriska barken (i hjärnan) skapats det som Antonio Damasio kallar representationer för de olika intryck vi utsattes för under den traumatiska händelsen. Dessa representationer ligger sedan slumrande tills ett stimulus triggar igång något av dem och då även drar igång de övriga. På så sätt kan hela känslomaskineriet dras igång än en gång och förflytta oss tillbaka i tiden till när händelsen utspelade sig. Vi upplever "samma" starka känslor som vi gjorde då, eller kanske till och med starkare eftersom vi också kan bli rädda för att

vi upplever denna flashback. Och det här kan sedan ske gång på gång
när vi stöter på triggande stimuli, och det med oförminskad kraft.

✳ ✳ ✳

Jag kan här beskriva en riktigt kraftig flashback jag upplevde någon
gång under 1993-1994, då jag låg inlagd på en psykiatrisk avdelning,
och som jag kan återberätta eftersom jag gjort det flera gånger sedan
händelsen utspelade sig. Själva händelsen har jag annars inget som helst
minne av längre.

Jag satt då och försökte vila mig i fåtöljen på mitt rum, vilket var lättare
sagt än gjort eftersom sjukhusvistelsen var rena tortyren för mig, när
jag plötsligt hörde ett ljud som fick mig att skräckslaget flyga upp ur
nämnda fåtölj, rusa ut från avdelningen, ta hissen ner de åtta våning-
arna, rusa ut ur sjukhuset, ut från sjukhusområdet och ner till en liten
sjö belägen en bit bort. Här är jag nu inte längre riktigt säker på om
jag även sprang runt den, vilket kanske kunde handla om ett par kilo-
meter, innan jag ens stannade upp och började reflektera. Eller om det
kanske snarare var så att jag då saktade in och gick (eller joggade) runt
den, medan jag samtidigt försökte komma på vad fasiken det var som
hade hänt.

Jag vet inte om jag själv förstod sammanhanget, eller om jag kom på
det tillsammans med den skötare jag brukade tala med på nätterna.
Men i vilket fall som helst var ljudet jag hört av när ett huvud slog i
sjukhusets stengolv – en kvinna hade ramlat eller slängt sig ner – och

det påminde mig alltså om när mamma varit sjuk och gjort liknande saker.

Jag kunde nog först inte alls förstå varför jag överreagerade på det här sättet, jag som alltid försökte hålla masken och istället oftast var stel av rädsla. Men jag kan tänka mig att just denna rädsla gjorde att jag sprang så långt som jag gjorde innan jag ens reflekterade över det hela. Ett ljud triggade igång en tidigare upplevd rädsla, som då sin tur öppnade dammluckorna för den skräck jag kände för situationen jag just befann mig i, nämligen en skrämmande sjukhusmiljö och det att jag inte tycktes förstå varken psykiatrin eller mig själv. Jag blev väl helt enkelt rädd för att jag blev rädd och började springa och så vidare.

✳✳✳

Hur kan det bli så? Som jag skrev i inledningen kan minnen delas upp i explicita och implicita minnen. Där de sistnämnda är sådana vi återkallar omedvetet – eller kanske aldrig ens blir medvetna om – och som därför måste ha genomgått även en omedveten inkodningsprocess. Hade den processen istället varit medveten hade vi ju kunnat sätta ord på det hela och alltså också kunnat återkalla minnena medvetet, som vi kan göra med de explicita.

Det implicita minnessystemet utvecklas före det explicita – kanske ganska självklart om vi tänker på att vi till exempel inte pratar förrän i två-treårsåldern – ja, det är faktiskt verksamt redan i fosterstadiet och därför har vi också tillgång till implicita minnen redan då vi föds. Tänk bara på hur nyfödda kan känna igen både röster och musik som de hörde när de låg i sin mors mage. Och tycker om att bli vaggade.

Mamma har berättat att hon verkligen var i farten hela tiden när hon bar på mig, där fanns till exempel två stora hundar som behövde sin motion, och att hon så sent som dagarna innan min födsel städade och fejade för att lägenheten skulle vara fin. Ja, det både skurades och bakades. Mina föräldrar hade även köpt en fin vagga till mig, och det var något de sedan kom att ångra. För när jag väl kom till världen ville jag nämligen bli vaggad hela tiden och det kraftfullt; min far lärde sig till och med att vagga mig i sömnen. Det tog ett tag för mig att vänja mig av med att vilja vara i rörelse för att komma till ro – och när min bror tre år senare kom till världen satt därför klossarna under vaggan redan på plats.

Och det är inte bara så att vi när vi föds redan har dessa egna inkodade implicita minnen med oss. Nej, tack vare evolutionen har vi även tillgång till "minnen" (eller instinkter) som skapats tidigare än så eftersom de krävts för att värna om vår fortlevnad. Tänk till exempel på sug- och gripreflexen som små barn har. Det handlar också om "minnen" som är skapade för att skydda oss mot olika hot och faror och då snabba reflexer verkligen kan vara livsavgörande. Vi blir till exempel rädda och ryggar tillbaka när något stort kommer emot oss, eller när något väldigt hastigt dyker upp i vårt synfält.

Det har alltså varit av allra största vikt att vår hjärna hittat ett sätt att även kunna inkoda och lagra minnen som inte är beroende av vare sig vår uppmärksamhet eller språkförmåga. Och det har den också gjort.

/ / /

De flesta implicita minnen skapas och byggs upp genom att vi utsätts för ett stimulus flera gånger, eller nöter in något genom att göra det om och om igen, alltså genom ett visst antal upprepningar. Inkodningen och lagringen av sådana minnen tar därför oftast mycket längre tid än den för explicita minnen. Men när det väl är gjort är de även mycket svåra att utplåna, till skillnad från de explicita som behöver plockas fram och dammas av ibland för att inte falla helt i glömska. Tänk till exempel på alla de kungar och årtal, eller sjöar och vattendrag vi en gång fick lära oss att rabbla i skolan, inte minns vi väl alla dem i dag?

Men det finns som sagt undantag när det till exempel kommer till sådana (implicita) minnen som skapas för att värna om vår överlevnad och vårt välbefinnande. Tänk bara på hur snabbt vi lär oss att vi inte bör lägga handen på en het platta när vi väl har gjort det en gång. Eller när det kommer till sådana upplevelser som är riktigt plågsamma och skrämmande för oss, som vid olika trauman.

I de allra flesta situationer arbetar de båda minnessystemen sida vid sida och därför kan vi också sätta ord på vad som sker, men vid traumatiska händelser kan det fungera lite annorlunda. När vi upplever något – för just oss – riktigt hemskt kan nämligen speciella överlevnadsåtgärder behöva tas till för att vi inte ska gå under. För om en situation känns oss helt övermäktig, om vi känner oss både hotade och helt hjälplösa, ja, då fokuserar vi ju naturligtvis först och främst på att överleva. Då har vi oftast inte förmågan, orken eller möjligheten att samtidigt sätta

ord på det som sker och riskerar då därför också att fastna i denna evig-
hetsloop.

Vad som då behöver göras är att på något sätt komma vidare härifrån
eftersom det ju uppenbarligen inte handlar om ett "vanligt" självbio-
grafiskt minne. För även om vissa kan minnas händelsen väldigt detalj-
rikt är det ändå just de starka känslorna som ligger i fokus. Känslor som
förnuftet inte rår på, trots att vi *vet* att vi inte längre befinner oss i den
hotfulla situationen. För många (inklusive mig) kan även detaljer helt
saknas, eller åtminstone vara väldigt få, och då är det bara just den
fruktansvärda känslan som dyker upp som ur tomma intet ibland. Att
det kan vara minst sagt skrämmande att överraskas på det sättet, och
inte riktigt veta vare sig vad det beror på eller vad det egentligen var
som triggade igång det hela, är kanske inte så svårt att förstå?

De plågsamma känslominnena tycks alltså i mitt fall inte ens ha blivit
riktigt integrerade med några andra minnen av händelsen, utan tycks
leva sitt alldeles eget liv. Andra personer kan visserligen ha tillgång till
de flesta minnesbitarna, men de snurrar sedan envist på i samma (över-
levnads)spår. Och det trots att det kanske gått flera år sedan händelsen
utspelade sig och man inte längre är vare sig hotad eller hjälplös. Så vad
som då behöver göras är att dels försöka få till denna samordning av
minnesbitarna och spara dem i de båda minnessystemen, dels dämpa
styrkan i känslominnet till en mer hanterbar nivå. För att på så sätt
skapa ett mer normalt om än plågsamt minne; skapa ett explicit minne
som vi kan sätta ord på och sedan även börja orka samtala kring och så
vidare.

I vanliga fall sker detta till viss del när vi sover, för då ser vår hjärna inte bara till att koda in viktiga minnen åt oss utan faktiskt även glömma delar som just inte är så viktiga att komma ihåg. Under det som kallas REM-sömnen – då vi drömmer – bearbetar nämligen vår hjärna de känslomässiga händelser vi varit med om, och det i ett tillstånd utan stress, och ger oss på sätt möjlighet att släppa ut många av de känsloladdningar som hängt samman med dem. Volymen på känslorna dras ner så att vi sedan i framtiden inte upplever lika starka känslor varje gång vi erinrar oss olika händelser, eller på något annat sätt blir påminda om dem.

Men ibland fungerar alltså inte detta, trots att vår hjärna gör sitt bästa genom att kanske till och med drömma om den traumatiska händelsen om och om igen i försöken att bearbeta den och hantera det plågsamma vi upplevt. Nej, det blir då istället bara ett ständigt återupprepande av traumat i form av mardrömmar. Vi kan då behöva hjälp utifrån, och en terapiform som har visat sig vara mycket effektiv vid traumatiska minnen och PTSD är den som kallas EMDR[1].

/ / /

För att då gå vidare till det att jag kanske även tycks fastna i händelser och episoder som *inte* handlar om något direkt traumatiskt, så kallar jag inte heller det att älta. Men visst, sådant jag inte förstår, och då särskilt om det är av betydelse för mig själv eller min närmaste omgivning, kan jag bara inte låta bli att fundera över. Jag har nämligen ett *enormt* stort behov av att förstå och reda ut saker och ting. När det väl är gjort kan

---

1. Se appendix för mer information om denna terapiform.

jag (oftast) lägga det åt sidan. Eller snarare införliva kunskapen med den jag redan har tillgång till. Exempelvis kan jag behöva samtala och fundera kring situationer där människor agerat, reagerat eller uttryckt sig på ett sätt jag har svårt att förstå. Och detsamma gäller för situationer där jag har svårt att förlika mig med vad jag själv sagt eller gjort. Alltså sådant som andra många gånger anser vara bagateller och tydligen bara något att rycka på axlarna åt. Jag tycks ha lätt att fastna i alla de "varför" jag hade även som barn:

– Varför är det så, mamma?
– Varför gör de så, mamma?

## 5

Att leva i nuet

*"Yesterday is gone. Tomorrow has not yet come. We have only today.
Let us begin."*

Mother Teresa

Och hur var det då med nuet? Jo, då skulle jag själv vilja beskriva det som att jag verkligen sitter fast i just det och så vidare trevligt är det inte. Nej, jag kan snarare ofta känna som att jag har blivit tagen som gisslan av nuet. Eller om jag åtminstone ska försöka tänka lite mer positivt kring det hela: fått huvudrollen i en nyinspelning av *Måndag hela veckan*. Och när jag väl stannar upp och försöker närma mig den vetskapen, både i tanken och rent känslomässigt, räcker faktiskt orden "fruktansvärt skrämmande" inte till på långa vägar.

Sedan är det inte bara skrämmande och ledsamt utan jag skäms ju så oerhört mycket för det också, att sitta så fast i nuet och i så många rutiner som jag faktiskt gör. Och ha sådana svårigheter inte bara när det kommer till att bryta dem utan många gånger till och med att bara förändra dem något. Det är inte så att jag *inte kan* göra det, men det är svårt. Ja, nästintill omöjligt vad gäller flera av dem, om sanningen ska fram.

Att jag har ett sådant stort behov av rutiner finns det förstås flera orsaker till. Och vissa av dem tror jag inte har sin grund i min minnesproblematik utan i andra svårigheter jag har, men som även de påverkar bland annat min föreställningsförmåga. Rutinerna ger till exempel mina dagar en struktur, men hjälper mig även att spara både tid och energi eftersom jag då slipper att ständigt hamna i olika valsituationer där jag annars skulle riskera att fastna alltför länge. Eller till och med låsa mig helt.

Jag skulle nämligen ha svårt att få något gjort om jag ständigt skulle behöva fatta olika beslut – i mitt fall alltså analysera och fundera alltför mycket – utifrån mig själv och mina egna behov, då jag tyvärr tycks ha en inre kompass som inte fungerar vidare bra. Utan denna kompass, alltså ordentlig tillgång till mina känslor, blir det ju svårt att hitta min egen väg här i livet, och då kan det vara bra att åtminstone ha tillgång till rutiner. Men jag kom nu även att tänka på några rader i en av Iris Johanssons böcker där hon också beskriver något annat jag kan känna igen mig i. Jag ser nämligen även jag till att alltid försöka skapa mig eller ta mig an olika projekt eller uppdrag som jag kan ta itu med och som kan leda mig framåt. Stora som små.

"Värst är det med oss som är autistiska, för vi har ingen aning om att det finns någon väg att följa. Den kommer inte inifrån oss utan möjligen kan vi göra om något till ett uppdrag, och det är det jag lever på."

Utöver de direktiv och krav som då medföljer de projekt jag själv bygger upp kan jag förstås även ta mig an andras uppdrag. För det att följa andras krav, önskemål och behov är ofta lättare än att försöka lyssna till mitt eget inre, eftersom de ju ofta uttalas klart och tydligt. Då har jag ofta heller inga större svårigheter att vare sig veta eller ta itu med vad som behöver göras. Men ett problem som då förstås istället kan uppstå är att jag riskerar att själv fara illa och ibland till och med utnyttjas, eftersom jag så gärna vill göra "rätt" och vara andra till lags.

Rutinerna, precis som flera andra aktiviteter, är också ångestdämpande, bland annat för att mitt fokus då läggs på dessa och jag då lättare kan undvika att fundera över både hur mitt liv ser ut och de olika svårigheter jag har. Att ha tillgång till välkända rutiner skapar även en slags trygghet och en vrå för mig att vila i, eftersom jag där vet vad jag ska göra och vad det i sin tur leder till. För mig är det nämligen ångestdämpande och rogivande att veta att efter A kommer B och sedan C. Och den ro jag finner i rutiner och ritualer kan alltså många gånger ge mig den energi jag kan behöva för att sedan återigen orka ta itu med den mer ovissa omvärlden.

Men även om min minnesproblematik då kanske inte är den enda orsaken till min rutinbundenhet är jag övertygad om att den ändå spelar en mycket stor roll. För både det att jag har minst sagt stora problem med att kunna föreställa mig framtiden, och bär på erfarenheter som hänger samman med både mammas sjukdom och min kontakt med psykiatrin – att så mycket är svårförståeligt och att ingenting kan vara riktigt säkert och dessutom kan förändras på ett ögonblick – gör att jag har ett mycket stort behov av att ha något säkert att hålla mig fast vid. Något som inte är så oförutsägbart och osäkert som ju både livet och människor annars ofta är.

Jag har därför ett behov av att ständigt försöka ligga steget före och liksom snitsla banan för mig själv. För att på så sätt försöka undvika plågsamma överraskningar; eller att bli stående i ångest på grund av att jag inte vet vare sig vad jag ska göra eller vart jag ska ta vägen; eller riskera att kliva rakt ut i de där svarta områdena utan minnen eller ens vetskap jag skrev om tidigare; eller riskera att göra misstag inför andra människor och då löpa risk att avslöja mina svårigheter även för dem. Alltså sådant jag med alla medel vill undvika.

✹ ✹ ✹

Undvika ja, det känns ofta som jag inte gör annat än just det. Jag undviker att tänka på det traumatiska jag varit med om; att jag inte har ett fungerande självbiografiskt minne; att jag då också saknar en välfungerande förmåga att föreställa mig framtiden; att jag är så förbaskat beroende av rutiner, och dessutom har svårt att bryta sådana för att åtminstone skapa nya; att jag inte riktigt vet och förstår vad alla mina svårigheter beror på; att jag inte har något arbete; att jag inte har något socialt nätverk… Och det finns säkert fler undvikanden som jag inte kommer på just nu – kanske för att jag undviker dem.

Även detta att jag undviker så mycket får mig att känna stor rädsla och sorg. Och så mycket stor skam, förstås. Jag kan anklaga mig själv inte bara för att jag så ofta inte orkar med att se sanningen i vitögat, utan även för att jag inte bara tar mig i kragen och ser till att forcera alla hinder. Ser till att bli en välfungerande människa.

Så om vi ser till i hur många olika situationer jag tycks känna just dessa känslor, och även gör det inför mitt sätt att fungera och de olika svårigheter jag har, ja, då kanske även andra människor anser att det är dessa som bäst beskriver mig som person? Men jag hoppas verkligen inte det, för jag försöker ändå alltid att tänka positivt i den mån det är möjligt och åtminstone utåt sett verka glad.

Jag har genom åren i böcker skrivna av Elisabeth Rynell funnit många beskrivningar som passar oerhört bra in på mig. Och då menar jag framför allt vad gäller hur jag *känner* i många olika situationer. När jag nu skrev detta om undvikande, sitta fast i rutiner, rädsla och skam, kom jag på att det finns några rader i en av hennes böcker som jag verkligen tycker passar in här. För utöver att känna mig så misslyckad känner även jag mig ofta just feg.

"Feg är den som inte vågar övervinna sin egen feghet."

"Jag skulle vilja veta vad det är jag är så rädd för. Jag är alltid rädd. Det finns en glåmig ödslighet som äter mig. Där ligger skräcken hoprullad, som ett krukväxtblad som fallit på fönsterbrädan. Jag går omvägar. Jag blundar med ena ögat."

"Att sitta stilla är det enda skydd jag känner till. Medan jag sitter så hinner jag tänka mycket. Ofta anklagar jag mig just för denna stillhet. Att jag är så feg. Jag är min egen bur."

*"Att livet kunde bli så här hade jag aldrig anat. Som liten var jag
ganska glad, sägs det. Jag kan nog verka glad nu också. Kanske är jag
rentav glad, utan att jag vet om det."*

För att verkligen kunna sätta värde på nuet på bästa sätt behöver vi nog
även ha tillgång till våra minnen. Det känns i alla fall så för mig. För
utan dem känner jag mig som ett rö för vinden, men också som en
fånge i nuet och de rutiner jag har behov av att hålla mig fast vid. Det
är klart att jag *kan* sätta värde på många stunder som utspelar sig här
och nu. Men där finns ändå alltid en bakgrundskänsla som ligger på lur
och stör mig, som ett ständigt om än så svagt oros- och stresstillstånd.
Och det trots att jag verkligen gör mitt bästa för att undvika den
känslan.

Jag skrev tidigare att den säkert till viss del hänger samman med de
trauman jag upplevt, och även med de svårigheter jag har i kontakten
med andra människor och det att inte ens förstå mig själv riktigt. Men
givetvis är känslan också ständigt närvarande på grund av mina stora
minnessvårigheter. Det är nämligen både skrämmande och stressande
att varken ha ordentlig tillgång till mitt förflutna eller förmågan att
måla upp en mer tydlig bild av framtiden. Och även om jag lyckas sätta
värde på stunden, låt oss säga en resa, så kan jag ju senare ändå inte
återkalla minnet av den, i alla fall inte så som andra tycks kunna göra
till synes utan några som helst problem.

## 6

Att leva utan självbiografiskt minne

"A life without memory is no life at all"

Luis Buñuel

Så illa som citatet ovan antyder är det förstås inte. Men jag känner mig onekligen mycket ensam om att ha det så här eftersom det ju är en problematik jag i stort sett aldrig hör någon annan tala om. Tvärtom får jag istället ständigt ta del av andras självbiografiska minnen. Något jag i och för sig inte har något emot eftersom jag verkligen värdesätter att få ta del av sådana. Inte heller i facklitteraturen har jag lyckats hitta någon beskrivning som jag verkligen kunnat känna igen mig i, utan där har jag bara stött på beskrivningar av personer med oändligt mycket större svårigheter än vad jag har. Som till exempel berott på stora skador och sjukdomar i hjärnan, eller svåra dissociativa störningar.

Ensamheten blir ju inte heller mindre av att jag skäms så mycket över att ha den här problematiken. Nej, det tillsammans med att andra tycks ha så svårt att förstå gör att jag istället för att dela med mig av mina svårigheter gör allt för att dölja dem – också för min egen familj. Det innebär tyvärr att jag ibland kan känna mig väldigt ensam även när jag är tillsammans med dem. För när vi till exempel samtalar om vår gemensamma historia blir jag ju medveten om att jag inte har tillgång till de minnen som de bär med sig. Ofta deltar jag då knappt i samtalen, utan nickar och mumlar bara instämmande eller intar en mer passiv åhörarroll. Det kan vara mycket smärtsamt att iaktta min familj när de befinner sig i det där gemensamma minnesrummet, ett rum jag alltså inte har tillgång till. Trots att det ibland kan vara fyllt av tråkiga minnen har jag likt förbaskat en önskan om att hitta en dörr genom vilken även jag skulle kunna ta mig in.

Detta att jag döljer mina svårigheter innebär tyvärr även att jag far illa på ett annat sätt, för jag kan känna mig som en stor lögnare när jag talar om eller beter mig som om jag faktiskt minns. Och jag mår allt annat än bra av att fara med osanning. Det kan alltså vara nog så jobbigt att samtala om mig själv överhuvudtaget, men än mer ångestframkallande är det när jag ibland hamnar i situationer där jag förväntas samtala kring händelser som jag inte ens kan göra mig en föreställning om, trots att jag uppenbarligen varit med om dem. Jag menar alltså händelser jag inte bara saknar ett minne av, utan inte ens har lyckats skapa mig en bild av genom att tidigare ha samtalat kring dem, ha läst om eller åtminstone har sett några fotografier tagna från dem. Jag kan därför erkänna att jag inte finner något vidare nöje i att till exempel möta en gammal klasskamrat på stan.

✳ ✳ ✳

Varför skäms jag då så mycket för detta och känner ett sådant stort behov av att vilja dölja det? Jo, först och främst för att andra människor tycks ha så svårt att överhuvudtaget se och förstå mina svårigheter, för det gör att även jag själv tvivlar på att de ens finns där. Lägg sedan till det att jag när jag ändå ibland försöker berätta och beskriva hur det verkligen är oftast blir missförstådd, eller än värre: inte trodd på alls. Då är det väl inte så svårt att förstå att det ofta kan kännas lättare att bara fortsätta dölja det hela? Jag skäms alltså inte enbart för att det får mig att känna mig annorlunda, utan även misslyckad på något sätt. Och vem vill väl känna så? Det här kan förstås vara mycket smärtsamt eftersom jag trots allt bär på en längtan att bli förstådd, och det även vad gäller många andra svårigheter jag har.

Och eftersom vi har lättare att minnas sådant som vi är intresserade av, måste det väl i så fall innebära att jag inte har varit det när det kommer till exempelvis större och viktigare händelser i mitt och mina närmastes liv? I alla fall kanske andra skulle se det på det sättet, vilket ju för mig känns fruktansvärt skamligt och skrämmande.

Men det jag allra mest skäms för är ändå att jag inte minns människor på ett sätt som jag väl borde göra. Och då tänker jag särskilt på de personer som står och har stått mig nära och som kan vara eller har varit väldigt viktiga för mig på många olika sätt. Jag skäms då inte endast över att ha stora svårigheter med att minnas, utan känner verkligen en stor skam över mig själv. Över den person jag är eller i alla fall tycks vara.

Jag kan känna en stor rädsla för att jag väl måste vara elak som inte kommer ihåg dessa personer, eller i alla fall inte kan föreställa mig dem på ett levande sätt, för det sägs ju att de vi verkligen älskar och bryr oss om, ja, de kommer vi också ihåg. Och det måste väl i så fall innebära att jag är en ganska hemsk person, en som varken kan älska eller bry sig om andra? Så är det ju dock inte; jag bryr mig verkligen om andra människor och försöker också ständigt göra mitt bästa för att visa det på olika sätt. Men kanske det ofta är på ett felaktigt sätt då jag vanligen vill, och bättre kan, hjälpa och stötta på ett mer praktiskt sätt? Även om jag faktiskt också är ganska bra på att lyssna.

Det är alltså inte bara så att jag saknar minnen av de stunder jag tillbringat tillsammans med personen, eller våra gemensamma upplevelser. Nej, jag minns inte personen själv. Jag menar inte att jag har glömt att hen existerar, men jag kan inte måla upp en inre bild av hen, eller har i alla fall *mycket svårt* att göra det. Nu menar jag inte främst en visuell bild, som jag för övrigt saknar förmågan att måla upp, utan en mental bild av hens personlighet, min känsla för hen och hens känsla för mig. När personen inte är närvarande kan jag därför inte, eller har i alla fall mycket svårt att, återskapa den positiva (eller negativa) känsla jag kan känna när vi är tillsammans.

Men när jag sedan träffar personen igen kommer jag förstås ihåg hen, även om jag kan behöva göra en inre uppdatering av personligheten om det gått en tid sedan vi sågs senast. Och det kan faktiskt handla om så korta perioder som bara några få, enstaka veckor, om jag nu inte känner personen väldigt väl. Här kan väl dock tilläggas att till exempel telefonkontakt kan göra att denna tid utan uppdatering åtminstone kan förlängas något – men tyvärr har jag samtidigt ganska svårt för just telefonkontakt.

∕∕∕

Det är så många människor jag inte längre har något minne av och flera har ju till och med varit familjemedlemmar. Vad säger det egentligen om mig? Jag har inget som helst minne av min mormor som avled då jag var elva år; inte heller av min far som jag väl hade min sista kontakt med när jag var i femtonårsåldern; eller av min familj överhuvudtaget innan tolv-trettonårsåldern.

Efter det går det då istället över till att bli diffusa *jag vet att*-minnen i olika styrkor: alltifrån superextremt diffusa, till minnen av att min bror med familj åtminstone finns där nu. Min morfar, som avled då jag var 21 år, har jag bara en mycket diffus vetskap om, trots att jag träffade honom väldigt ofta och tyckte mycket om honom. Och nu efter mammas död har till och med minnet av henne börjat bli suddigt, och det trots att det bara har gått tre veckor sedan det hände när jag skriver detta. Jag kan inte med ord beskriva hur fruktansvärt skrämmande allt detta känns, men jag mår verkligen fysiskt illa när jag nu skriver dessa rader!

Jag känner förstås även en mycket stor sorg över att det är så här, eftersom det ju innebär att jag inte har förmågan att riktigt kunna föreställa mig till exempel den fina känslan av att både tycka om och vara omtyckt av någon när personen inte är närvarande. Det där med att bära någon med sig inombords, att när man mår dåligt till exempel kunna tröstas av tanken på någon man håller kär, fungerar tyvärr därför inte så bra för mig. Även om jag då förstås ofta istället kan försöka hålla fast vid och må bra av *vetskapen* om att någon tycker om mig, tror på mig etcetera.

Det känns också oändligt sorgligt att inte kunna minnas alla de mycket fina stunder jag måste ha upplevt under min barndom, och som mamma ju ofta kunde beskriva väldigt levande. Som när hon till exempel stod där med nygräddade pannkakor när jag kom hemskuttande från lekskolan med alla mina konstnärliga alster, eller hur hon ständigt försökte besvara alla mina "varför?". Eller som när jag och min bror mycket glatt (och kladdigt) mumsade i oss hennes nybakade muffins och rischokladkakor; eller myste i vår läshörna under trappan; eller intog ostsmörgås och varm choklad i den egenbyggda snökojan.

Jag skulle också så väldigt gärna vilja komma ihåg hur det var när vi varje veckoslut träffade mormor och morfar. Och även hur det kändes att senare som vuxen sitta och prata med honom, en person jag sägs vara mycket lik och som jag som sagt tyckte väldigt mycket om. Och jag skulle förstås även så oerhört gärna vilja kunna minnas hur det var att hålla mina fina brorsbarn i famnen för allra första gången.

Utöver denna sorg kan jag även ofta känna en mycket plågsam blandning av stora skam- och skuldkänslor, på grund av att jag inte kan minnas alla de fina stunder jag ändå *vet* att jag och mamma under åren hade tillsammans. För istället för att hjälpa mig att få fatt i och återkalla alla de minnen av allt det fina hon till exempel gjorde för och tillsammans med mig under min barndom, eller alla de trevliga upplevelser och resor vi också hade och gjorde tillsammans när jag sedan blev äldre, kommer alltså min kropp ibland ändå bara dragandes med de där mindre trevliga och diffusa känslominnena som har skapats på grund av *hennes sjukdom*. Jag vill ju kunna minnas *mamma* och den fina person hon var. Inte hennes förbaskade sjukdom. Här känner jag nu att ett kraftuttryck vore på sin plats, för det här är verkligen mycket plågsamt!

✏ ✏ ✏

Det sägs att ledtrådar av olika slag kan underlätta för oss när det kommer till att få fatt våra minnen, på grund av att igenkänning är lättare än erinring, och att även det att befinna oss i sinnestillstånd liknande dem vi befann oss i när händelserna utspelade sig kan göra det. Några riktigt bra ledtrådar borde väl då vara till exempel fotografier. För att inte tala om att återvända till själva platserna för händelserna, eller i alla fall några liknande miljöer.

Men inte heller det tycks hjälpa mig, inte nämnvärt i alla fall. Jag kan som sagt må riktigt dåligt i sjukhusmiljö – och då främst den psykiatriska – och även i närvaron av studenter. Och jag kan även bli väldigt ledsen när jag hör vissa av Kate Bushs sånger eftersom jag nog ofta lyssnade på dem när det var riktigt jobbigt. Men det är väl i stort sett det hela.

Fotografier har jag förstås vänt och vridit på till leda i försöken att minnas något, men det enda de duger till är att skapa *en vetskap* om att något har hänt – vilket i och för sig är en tillgång för mig – de hjälper mig inte att *minnas* det. Fotografier kan också skrämma mig. När jag till exempel för många år sedan satte samman en bildspels-DVD till mamma, hittade jag bilder från en Tysklandsresa vi tydligen hade gjort tillsammans med min bror och hans flickvän. En resa som jag då inte hade en aning om, och ändå hade jag varit den som kört bilen.

75

Min psykolog tog för många år sedan med mig på en vallning till de olika platser där jag växt upp och gått i skolan, men inte ens det hjälpte mitt minne det minsta på traven. Och när vi senare pratade om vår gemensamma resa hade jag till och med börjat förlora minnet av den – och i dag minns jag den förstås inte alls. Och den lägenhet jag bodde i mellan 1991-2000 åkte jag med buss förbi två gånger i veckan fram till mammas död, men inte fick det mig att minnas hur det varit att bo där och inte heller hur lägenheten såg ut. En lägenhet i vilken till exempel min bror och hans flickvän berättade för mig att jag (för första gången) skulle bli faster, och där jag sedan även måste ha fått besök av min nyfödda brorsdotter. Viktiga händelser för mig som väl därför borde varit värda att lägga på minnet, kan jag tycka.

Allt detta fyller mig alltså med en oändligt stor skräck, skam och sorg. Det enda jag kan hoppas på och försöka hålla fast vid är att det väl ändå är jag själv som far mest illa av det. För andra människor vet ju faktiskt inte om att jag inte minns dem på ett sätt som jag väl kanske borde göra, utan känner förhoppningsvis att jag tycker om och bryr mig om dem när vi väl ses eller när jag visar det på något annat sätt. Men jag kan verkligen inte låta bli att ofta förbanna min hjärna för att den av någon anledning tycks ha anammat ordspråket: "Ur syn, ur sinn."

✦✦✦

Jag har ju nu redan beskrivit hur många av mina minnessvårigheter kan ta sig uttryck och även hur jag känner kring det hela, men om jag ändå skulle försöka sammanfatta det lite bättre. Och då både vad gäller hur stora bristerna i mitt minne faktiskt är och hur det dagligen påver-

76

kar mig på olika sätt, men även försöka beskriva hur jag med hjälp av olika strategier ändå gör mitt bästa för att hantera och dölja dessa brister och svårigheter. Jag tänker då att jag här kan ta avstamp i de exempel jag tidigare lade fram om varför vårt minne är så viktigt för oss, och utifrån dem sedan skildra hur det ser ut för mig.

Men först bör jag väl ändå inleda med att beskriva hur mitt liv i det stora hela har sett ut. Dels för att alltså försöka visa hur bristfälligt mitt självbiografiska minne är, dels för att se om jag kanske där kan finna svar eller ledtrådar till varför jag inte bara har dessa minnessvårigheter utan även de övriga svårigheter jag har. Psykiatrin har ju nämligen hela tiden hållit fast vid att det är i just min uppväxt och i min relation till mamma svaren på de flesta frågor om varför jag fungerar som jag gör finns. Något jag själv i dag inte alls anser vara fallet men tyvärr även jag utgick från under så väldigt många år, och det trots att jag då samtidigt bara kom att må allt sämre.

Så med denna beskrivning vill jag faktiskt även försöka förmedla hur fel det kan bli när man inte tar med i beräkningen hur en patient kan tänkas fungera i grunden. Ser till att det kanske där kan finnas biologiska orsaker till varför patienten fungerar som hen gör. Symptomlindring är givetvis bra, men än viktigare är det att försöka hitta roten till det onda. Ja, har man inte kunskap om det riskerar man ju istället att göra ont värre med den lindring man erbjuder. Och för mig har just kunskap dessutom varit det jag allra helst har velat få fatt. Kunskap och förståelse är verkligen makt för mig. För har jag det får jag nämligen oftast även tillgång till hur jag ska kunna hantera olika problem och svårigheter på bästa sätt.

Del II

Hur har mitt liv och min kontakt med psykiatrin sett ut?

"You never know how strong you are until being strong is the only choice you have"

Bob Marley

Uppväxt, skola och arbete

Som jag skrev tidigare har jag alltså inte tillgång till några som helst minnen från innan tolv års ålder. Så jag har inga håkomster från vare sig hur det var att växa upp i min familj, leka med kompisarna i det lilla samhälle där vi bodde, eller hur det var att gå till lekskolan eller låg- och mellanstadiet. Inga minnen alls av några julaftnar, födelsedagar, semesterresor, skoldagar, skolavslutningar eller skolresor etcetera. Och då förstås inte heller några minnen av alla de personer jag träffade och umgicks med, eller till och med levde tillsammans med, under de här åren.

Men jag har ändå fått berättat för mig att jag var en smart liten flicka – har kallats lillgammal – som var lugn, trygg, glad och mycket vetgirig och som dessutom värnade om andra människor. Mamma har beskrivit det som att jag föddes vuxen och alltså var otroligt lättskött och ville klara mycket själv. Jag var tydligen så lugn, trygg och svår att provocera att jag till och med i skolan blev placerad bredvid stökigare barn eftersom jag troligen hade en lugnande effekt även på dem. Men jag kan på fotografier se att jag också tycks ha varit ganska tuff och självsäker, något av en "pojkflicka". Och jag har även fått berättat för mig att jag till exempel redan i mycket unga år bestämde mig för att det var läkare jag skulle bli när jag blev stor, och absolut inget annat.

///

Vi har ju redan slagit fast att starka känslor är ett riktigt bra minnesklister, men inte ens sådana tycks ha hjälpt mig att få minnen från de här åren att fästa. Min bror var till exempel mycket sjuklig – hade bland annat svåra feberkramper – och det utspelade sig därför många skrämmande scener med både sjukhusvistelser och ambulansfärder. Ja, en gång hängde till och med hans liv verkligen på en riktigt skör tråd på grund av *mig*, då jag genom en olyckshändelse tyvärr råkade skada honom. Det var tydligen en väldigt otäck händelse, med mycket blod och färd till sjukhus i ilfart där jag själv satt klistrad som ett frimärke i baksätet på en taxi.

Sedan avled min mormor väldigt hastigt då jag var elva år, något som nog både för mamma och oss andra var en väldigt omvälvande och plågsam händelse. Mamma har berättat att jag var med på sjukhuset strax efter dödsfallet, och även att vi senare samlades på kapellet och tog avsked och sjöng för mormor när hon väl låg i sin kista. Enligt mamma var det senare en väldigt fin och rofylld stund som berörde både mig och min bror på ett starkt positivt sätt, men något minne av det har jag tyvärr ändå inte. Och något minne av min mormor från då hon levde har jag som sagt inte heller.

Något halvår senare förlorade tydligen mamma medvetandet när jag och min bror var ensamma med henne. Och medan min bror då helt förståeligt blev hysterisk och trodde att även hon var död, försökte jag istället övertyga honom om motsatsen och slog även numret till mammas väninna och bad om hjälp. Men inget av detta, eller de många övriga *mycket* känsloladdade händelserna som också utspelade sig under de här åren, tycks ha förstärkt mina minnen det minsta. Något som för mig känns både konstigt och ofattbart.

❧ ❧ ❧

Min far hade svårigheter och en personlighet som nog inte gjorde honom speciellt lätt att leva tillsammans med. Mamma for i alla fall väldigt illa av det och i min tolvårsålder skildes därför mina föräldrar. Det var också i den åldern, eller strax innan, jag väl på sätt och vis tog det stora klivet in i vuxenlivet. För då började jag nämligen stötta mamma på många olika sätt och kom väl även att bli något av en extra förälder för min bror. Och när hon senare blev sjuk kom jag ju till och med att i många situationer faktiskt ta över hennes roll som just den vuxne och förälder.

Efter skilsmässan flyttade jag och min bror tillsammans med mamma till det lilla samhälle där hon hade växt upp och där också vår morfar bodde. Jag hade nu möjlighet att träffa honom väldigt ofta fram tills dess att han avled då jag var 21 år, men något minne, utöver en mycket diffus vetskap, av vare sig honom eller de saker vi gjorde tillsammans har jag alltså ändå inte tillgång till.

✳✳✳

Mamma blev sjuk när jag var i trettonårsåldern. Och den sjukdomen kom tyvärr sedan att genomsyra mycket stora delar av mitt liv – och givetvis även hennes – med psykosskov, mellanliggande maniska och depressiva tillstånd och däremellan min egen stress och oro för vad som eventuellt skulle kunna komma härnäst. Naturligtvis var hon inte sjuk hela tiden, utan det fanns förstås väldigt många fina perioder under åren fram tills dess att jag flyttade hemifrån då jag var 25 år. Men jag tror nog ändå att det för mig kom att leda till något av ett ständigt, om än ofta svagt, stresstillstånd, särskilt som jag vid skilsmässan inom mig hade lovat att verkligen försöka ta hand om och skydda henne ordentligt.

Mamma hade tyvärr ingen sjukdomsinsikt, så därför blev det vid varje psykosskov nödvändigt att försöka få till stånd polishandräckning och LPT för att få henne inskriven på sjukhus. Det är något som verkligen inte är lätt att göra, vare sig bokstavligt eller bildligt talat, och mamma, jag själv och min bror for förstås alla väldigt illa av det. Jag vet att jag alltid mådde fruktansvärt dåligt av att behöva svika mamma på detta sätt. Behöva utsätta henne för något hon inte förstod att hon behövde och inte alls mådde bra av. Och dessutom då behöva sända henne till en avdelning som verkligen var hemsk på många sätt. Även väl där på sjukhuset tog det sedan flera veckor innan hon förstod att jag trots allt bara försökte se till hennes bästa och ville henne väl.

84

Det är alltså inte konstigt att vi alla kom att må så dåligt av hennes sjukdom. Och själv har jag inte bara burit med mig illamående och rädsla inombords, utan även mycket skuld- och skamkänslor eftersom jag ansett att jag borde kunnat skydda och stötta henne bättre. Sådana känslor har jag även fått när jag tyckt att hennes sjukdom och behov varit påfrestande, och då särskilt om jag även sagt det högt, när jag på så sätt liksom har tänkt eller talat illa om henne. Så därför får jag till och med dåligt samvete när jag nu skriver dessa rader.

Tyvärr fick jag och min bror inte mycket till stöd av psykiatrin precis. Nej, tvärtom. De var nog snarare ofta tacksamma för att jag var så stark och kompetent som jag var och alltså hade förmågan att lösa så många situationer och stötta mamma. På så sätt slapp de ju oftast undan väldigt lindrigt.

Jag vet att jag senare av min psykolog fick höra att kuratorn haft dåligt samvete över att de inte hade försökt göra mer för mig under min ungdom. Och när jag sedan själv blev inlagd fick jag av en överläkare höra att de på möten ofta hade frågat sig hur jag egentligen hade orkat med allt därhemma. Båda kommentarer som jag i dag inte vet om jag ska skratta eller gråta åt. Varför hjälpte de mig då inte? Men samtidigt ville jag ju ta hand om mamma på bästa sätt, och det klarade jag nog, om man bortser från mediciner, faktiskt oftast mycket bättre än vad psykiatrin gjorde. För helt förståelig var ju särskilt avdelningen rena tortyren för henne.

Jag har alltså fortfarande vissa minnesfragment – om än extremt säll-synta nu efter mammas död – från den här tiden, i form av flashbacks och det som liknar sådana, en ökad stress- och orosnivå och ibland mardrömmar. Men annars kommer jag i stort sett inte ihåg något alls, utan det är bara diffusa *jag vet att*-minnen, som dessutom är väldigt få till antalet.

✳ ✳ ✳

Förutom stressen som kom sig av mammas sjukdom, innebar denna flytt även att jag nu troligen började känna av att det var något som skavde i kontakten med de andra barn och ungdomarna i min ålder. Något som även det säkerligen fick mig att känna mig både stressad och orolig. Men då trodde jag nog bara att det hängde samman med att *min situation* – det att vara skilsmässobarn med en sjuk mamma – var något annorlunda än deras, och inte som i dag att *jag själv* faktiskt var det. Även under de här skolåren och de kommande var jag oftast lugn som en filbunke, något som mina klasskamrater tydligen hade lite roligt åt. Jag vet att jag på högstadiet därför fick smeknamnet Ferdinand eftersom det antagligen var väldigt svårt att få mig upprörd. I alla fall utåt sett.

Jag kommer inte ihåg mycket mer från min högstadietid än att jag vet att jag tyckte den var ganska jobbig. Mycket på grund av att skolan fanns i det samhälle vi bodde och mina klasskamrater därför visste mycket om vad som (utåt sett) utspelade sig i min familj. Jag fick därför hålla masken och spela många olika roller under den här tiden och försöka passa in så gott det gick. Det att ta ett så stort ansvar för familj och hem och inte vara speciellt tuff och häftig, utan mer en plugghäst, var nog nämligen inte något som med lätthet accepterades av de flesta andra tonårstjejerna. Och så blev jag ju också lite retad för det.

Jag fick förstås hålla masken även när jag började på gymnasiet, men eftersom den skolan låg på annan ort och jag även fick nya klasskamrater gick det nog då åtminstone lättare att dölja min familjesituation. Något som också var positivt var att klasskamraterna nog trodde att jag hade kompisar på hemmaplan, och vice versa, så då måste det varit betydligt lättare för mig att hitta ursäkter för att kunna dra mig undan. Det var lättare att dölja hur skönt jag tyckte det var att hålla mig hemma och även hur mycket ansvar jag tog för min familj, men också dölja hur fruktansvärt obekväm jag nog kände mig tillsammans med jämnåriga. Nu var det ju dessutom helt tillåtet att vara en plugghäst, för det skulle man väl i det närmaste vara när man nu valt den linje jag gjort.

Men hur mycket minns jag då av min gymnasietid? Tja, i stort sett inte mycket mer utöver det jag nu skrivit. Alltså en *vetskap* om hur det antagligen kändes men utan några närmare detaljer, och så ett mycket begränsat antal *jag vet att*-minnen. Jag kommer inte ens ihåg något från min student mer än att jag vet att det var väldigt jobbigt då. Jag mår än i dag dåligt av att se och, framför allt, höra studenter, så vid den tiden på året försöker jag hålla mig på avstånd.

❧ ❧ ❧

Jag har alltså inga egentliga minnen från hur det var i mitt hem och tillsammans med min familj, eller hur det senare kom att bli när mamma blev sjuk, utöver de jag tidigare talat om och en del mycket diffusa mardrömmar. Och inte heller har jag några från min skoltid; inga minnen av vare sig händelser eller hur rum och lokaler såg ut. Några minnen från de resor jag gjorde tillsammans med mamma och min bror har jag inte heller, och då gjordes ändå de mest minnesvärda i vuxen ålder. Men det kanske jag istället skulle försöka se lite från den positiva sidan, för i dag skulle jag ju faktiskt kunna besöka till exempel Jersey, London och Paris och uppleva det som om det vore för första gången.

Om vi då tar detta med känslor igen så reste exempelvis jag och min kusin till Spanien i två veckor när jag var 21 år. Tydligen inget jag ville men åkte efter påtryckningar ändå med. Det är en resa jag absolut inte har något minne av och det trots att vår morfar tyvärr gick bort då vi befann oss där. Morfars begravning och allt därikring minns jag tyvärr inte heller, det enda jag *vet* är att mamma mådde mycket dåligt av allt det här.

För att istället ta en positiv känsla så vann min bror väldigt mycket pengar året innan morfars bortgång, vilket förstås måste ha varit en stor upplevelse för hela min familj. Ja, både jag och mamma försökte ju verkligen göra vårt bästa för att han skulle ha det så bra som möjligt, trots svårigheterna vi hade i familjen. Och så spelade då den 17-årige grabben på tipset och vann denna enorma vinst! Det måste ju bara ha varit så stort för oss alla! Men det minns jag förstås inte heller.

✦✦✦

Efter att ha haft en del ströjobb och även misslyckats med att påbörja mina studier vid Lunds universitet – omställningen blev mig väl helt enkelt övermäktig, och så även den sociala biten – fick jag 1989 arbete som nattportier på ett hotell i stan. Det var då mina svårigheter i kontakten med andra människor verkligen gjorde sig påminda och jag kunde nog helt enkelt inte blunda för dem längre. När jag sedan flyttade till en egen lägenhet 1991 blev tyvärr stressen i mitt liv än värre, istället för bättre som jag antagligen hade räknat med när jag då äntligen skulle börja fokusera mer på mig själv och mitt eget.

Men det var inte bara kontakten med andra människor som här blev alltmer påfrestande, utan så blev även arbetet i sig. Ofta var det nämligen så oförutsägbart eftersom det ständigt uppstod förändringar, och troligtvis var det ofta även rent sensoriskt överbelastande för mig. Arbetet var alltså väldigt omväxlande och ibland mycket stressigt och slet nog därför ganska rejält på mig. Men samtidigt fanns där ju även fördelar då jag på natten till stora delar fick sköta mig själv, även om då arbetstiderna i sig förstås var mycket påfrestande.

Förändringarna som uppstod kunde jag givetvis inte göra så mycket åt, men jag vet att jag verkligen gjorde mitt bästa i försöken att hantera det oförutsägbara. Och det var nog något som mina arbetskamrater hade lite roligt åt. När jag var nyanställd gick jag nämligen alltid omkring med ett stort anteckningsblock där jag skrev ner svaren på de nästintill oändligt många frågor jag hade, så att jag sedan hade något att förlita mig på i olika situationer. Om den situationen uppstår, vad gör eller säger jag då? Om datorer eller telefoner krånglar, hur löser jag det? Om gäster beter sig si eller så, hur hanterar jag det? Ja, jag kan tänka mig att jag ansågs vara minst sagt frågvis, men att i möjligaste mån vara förberedd på både det möjliga och nästintill omöjliga är mitt sätt att försöka dämpa den ångest jag så ofta känner när jag ställs inför en oviss framtid.

Men trots att jag då jobbade på hotellet i några år kommer jag egentligen inte ihåg något av det heller, och det känns ju onekligen mycket konstigt. Det var ju nämligen mitt första, mer vettiga, fasta jobb. Ett som jag dessutom var duktig på och där jag även värdesattes av både arbetsgivare och arbetskamrater. Men ändå har jag alltså bara en vetskap om arbetet i stort och några få enstaka händelser. Vi gjorde till exempel flera resor tillsammans, och jag skulle i dag vilja kunna minnas exempelvis den som gick till Berlin eftersom det ju sägs vara en så intressant stad.

Eftersom arbetet var så socialt innebar det också att jag fick många nya kontakter, arbetskamrater och kompisar. Därför började jag nu kämpa alltmer med att verkligen försöka bli aktiv på många olika (sociala) plan. Men det fungerade tyvärr inte alltid så bra. *Jag* mådde i alla fall inte bra av att jag inte helt tycktes förstå eller klarade av kontakten med arbetskamraterna och kompisarna så väl som jag ville göra. Något jag blev alltmer stressad och ledsen över.

Både svårigheterna i kontakten med arbetskamraterna och arbetet i sig innebar alltså att jag nu bara kom att må allt sämre. Jag vet att jag med tiden mådde så dåligt att jag till och med kräktes innan jag for till arbetet eftersom jag inte visste vad som där väntade mig. Jag kom därför att bli alltmer ångestfylld och nedstämd och fick nu även en alltmer tydlig ätstörning. Det lustiga med den var att det faktiskt var genom en arbetskamrat och vän jag fick kunskap om att man kunde kräkas efter att ha ätit. Något jag inte ens hade haft en tanke på tidigare; jag hade bara tröstätit. Jag hade nu även börjat dricka en del alkohol – jag som innan dess knappt hade rört en droppe – både i försöken att passa in bättre och i ångestdämpande syfte.

Jag hade således stora svårigheter, men när jag senare fick sjukpension, och då alltså sa upp mig från jobbet, fick jag ändå ett väldigt gott vitsord. Och det visar ju hur duktig jag kan vara på att just dölja hur jag mår och fungerar. För egentligen klarar jag till exempel inte av att göra många saker på samma gång, men eftersom jag ofta arbetar väldigt snabbt och samtidigt är bra på att fokusera på en sak i taget kan det nog ändå se ut som jag gör det. Att jag faktiskt även kan vara och ofta är väldigt stresskänslig kommer här i texten snart att bli mycket tydligt, även om jag uppenbarligen samtidigt kan vara ganska bra på att dölja det. Jo, jag är ofta något av en paradox.

"Som nattportier sköter man det nattliga arbetet i receptionen med dataarbete, ekonomiarbete, telefonväxel och löpande receptionsarbete såsom in- och utcheckning och kundfakturering. Jobbet kräver att du kan ha många bollar i luften samtidigt, jobba självständigt, ta egna initiativ, ha en hög stressnivå och en utpräglad servicekänsla samt datakunskap.

Malin har alltid varit plikttrogen, lojal och mycket noggrann i allt hon företagit sig. Hon har skött samtliga sina arbetsuppgifter på ett ypperligt sätt.

När Malin nu efter en tids sjukdom på egen begäran slutar sin anställning hos oss önskar jag henne all lycka till i framtiden. Hon har mina varmaste rekommendationer!" (Receptionschef)

Det var som sagt under de här åren jag även flyttade till min första egna lägenhet, med allt vad det innebar. Och just första flytten brukar väl sätta minnesspår hos de flesta människor? Jag har i alla fall fått för mig det. I så fall kan vi nu slå fast att jag då måste vara undantaget som bekräftar den regeln. Men några känslominnen bär jag nog ändå med mig från den här tiden, för nu började det verkligen bli mycket plågsamt att misslyckas så i kontakten med kompisar. Ja, till och med misslyckas med vänskap.

✒ ✒ ✒

Det var vid den här tidpunkten jag sökte hjälp hos psykiatrin, närmare bestämt i slutet av 1991. Inte för min minnesproblematik, som jag väl kanske ännu inte ens var riktigt medveten om, utan med förhoppningen att de kanske skulle kunna hjälpa mig förstå vad jag gjorde för fel som inte kände mig riktigt bekväm med vare sig mitt arbete eller mina arbetskamrater. Men också hjälpa mig att bättre förstå hur andra människor fungerar, vad de troligtvis tycker och tänker i olika situationer. Dessutom hade tydligen mina arbetskamrater börjat kommentera hur smal jag var och tjatade på mig om mitt ätande. Något jag blev alltmer stressad, rädd och ledsen över.

Jag tog därför kontakt med den kurator jag tidigare träffat i samband med mammas sjukdom, och som efter min flytt hade lovat mig att jag kunde höra av mig om jag någon gång skulle känna ett behov av att prata. Här uppstod nu den första – det skulle med tiden komma att bli väldigt många – oförutsägbara och plågsamma förändringen i min kommande kontakt med psykiatrin, när kuratorn då istället sände mig

92

vidare till en psykolog. Något jag absolut inte ville men ändå gick med på eftersom jag väl kände att jag vare sig kunde eller vågade tacka nej till erbjudandet.

Så tog då min mycket långa och plågsamma resa sin början. En resa som tyvärr skulle komma att bli något av en nedåtgående spiral, där jag bara skulle komma att må allt sämre av alla förändringar, alla nya kontakter och mina ständiga försök att passa in och göra rätt. Och då samtidigt försöka ta hand om och förstå mig själv, men även förstå min omgivning och psykiatrin och vad som där egentligen förväntades av mig. Något jag inser att psykiatrin tyvärr hade svårt att se, men kanske framför allt mycket svårt att förstå.

Gunilla Gerland beskriver perfekt den känsla som de kommande åren nu bara skulle komma att växa sig allt starkare inom mig. En känsla som jag tyvärr får erkänna att jag ganska ofta kämpar med än i dag:

> *"Det måste vara mitt eget fel att jag misslyckades med allting, att jag inte hade något liv. Viljan att leva torkade ihop inom mig. Jag orkade inte vilja något längre, utom möjligen bort från allt."*

Psykiatrikontakten tar sin början

Psykologen var med all säkerhet mycket duktig, men jag kan ju i journalen se att hon redan från början hade siktet inställt, att hon trodde sig förstå mig och min problematik. En problematik som, enligt bland annat henne, till största delen måste ha med mamma och hennes sjukdom att göra. Då började förstås även jag tro att det måste förhålla sig så och började arbeta med mig själv utifrån det synsättet. Jag bedömdes vara "neurotiskt strukturerad" och började därför gå i en insiktsterapeutisk behandling två gånger i veckan.

Nu blev mitt liv helt plötsligt än mer ovisst och föränderligt. Och det blev även väldigt många bollar att försöka hålla i luften för mig: Jag skulle vara en bra dotter och stöd till mamma, men även en bra syster till min bror; jag skulle klara av ett stressigt och mycket socialt arbete; jag skulle vara en bra kompis och arbetskamrat; jag skulle dessutom försöka vara en duktig patient hos psykologen, men även hos den distriktsläkare som hon i sin tur hade sänt mig till.

Det står i journalen att jag nu blev alltmer deprimerad; att jag allt oftare drabbades av skuldkänslor och känsla av att inte kunna leva upp till andras förväntningar; att jag fick en alltmer kritisk syn på mig själv; och att jag även rent fysiskt kom att bli alltmer sliten på grund av min stegrande ätstörning och mitt alkoholintag. I slutet av 1993 blev väl min ångest och stress mig till slut helt övermäktig och jag orkade helt enkelt inte längre, varken fysiskt eller psykiskt. Jag gick då med på att bli inlagd på en psykiatrisk avdelning och blev då också långtidssjukskriven. En sjukskrivning som efter några år skulle komma att omvandlas till den sjukpension jag har än i dag.

§§§

Denna första inläggning kom att bli så lång som tio månader. Något jag väl knappast hade räknat med den där dagen jag först klev in genom dörren. Det var inte heller något jag egentligen ville göra eftersom min erfarenhet av psykiatrin verkligen inte var den bästa och jag dessutom mådde mycket dåligt i den miljön. Men jag följde förstås ändå min distriktsläkares råd. Nu hamnade jag alltså i ytterligare en svårförståelig, oförutsägbar och jobbig miljö, med många nya kontakter som jag på något sätt var tvungen att försöka förstå och förhålla mig till. Jag måste ha varit rent ut sagt skräckslagen. Och känt mig mycket, mycket ensam.

"Är under samtalet mycket spänd, skrattar lite generat ofta. Kan inte hålla med om att det är skönt att hon äntligen har kommit hit men tycker väl intellektuellt sett att det är bra. Känner sig mycket besvärad här. Har dock stora problem med sin ångest." (Läkare)

Även på avdelningen kom man förstås att, som jag ser det, fokusera på fel saker. Eller i alla fall *utgå* från fel saker, nämligen att mitt illamående och mina svårigheter måste ha sin grund i min uppväxt och mitt förhållande till mamma. Ja, att även jag förr eller senare skulle bli patient hos dem var väl nästan något de hade väntat sig, för som någon där sa "tar vi först hand om föräldrarna, sedan kommer barnen". Nu skulle jag alltså här försöka tillåta mig att må dåligt, försöka närma mig mina egna känslor och behov, så att jag på det sättet skulle mogna och då också få det lättare i kontakten med andra.

Det paradoxala är att jag i min journal kan se att flera av de behov jag har ju beskrivs som i det närmaste patologiska. Något jag förstås också fick ta del av eller kände. Att behöva dra mig undan, inte orka med alltför många människor eller förändringar, och att ha behov av rutiner och ritualer, var till exempel sådant jag borde försöka förändra. Ordet "rädd" börjar nu också dyka upp allt oftare, vilket i och för sig stämde som beskrivning för hur jag kände mig mest hela tiden, men det blir ändå så fel när man använder det för att beskriva hur jag känner inför människor.

"Det är mycket svårt för Malin att knyta nya relationer. Hon är rädd för nya kontakter, rädd att vara i grupp. Arbetar helst för sig själv, är mycket noggrann, petig." (Läkare)

Dessa svårigheter jag kände uppstod i kontakten med andra människor skulle då förstås försöka lösas genom att exponeras för fler sådana, något jag bland annat fick tillfälle att göra där på avdelningen. Jag skulle träna på att känna tillit och "våga" utsätta mig för fler situationer som de ovan nämnda, genom kontakten med personal och medpatienter. Jag fick visserligen bra kontakt med några personer – särskilt en nattskötare kom att betyda väldigt mycket för mig, en kvinna jag sedan fortsatte ha telefonkontakt med även efter inläggningen – men gudarna ska veta att jag mådde allt annat än bra där på avdelningen och helst hade velat skriva ut mig. Men...

"Samtidigt känner hon att hon inte får detta, har inget annat alternativ. Hon skulle inte kunna förklara för [psykologen] och [distriktsläkaren] varför hon har skrivit ut sig." (Läkare)

///

Tydligen såg ändå både avdelningen och min psykolog på vistelsen som något positivt, och att det att jag mådde sämre kanske snarare var ett tecken på att jag började sänka garden något och började närma mig mina känslor. Och då försökte säkert även jag se det på det sättet, kan jag tro.

Lite sorgligt, kan jag tycka, att jag tycks ha trott att alla dessa plågsamma känslor som nu började välla upp inom mig *enbart* skulle varit något positivt, när jag ju egentligen borde förstått att så inte var fallet. Att mycket av det som psykiatrin trodde var det rätta för mig istället var rentav skadligt. Förstått att jag verkligen inte borde ha fortsatt att pressa mig så alla gånger utan istället borde ha sagt stopp och belägg ibland. Men även om jag senare faktiskt försökte göra just det blev det nu inte så, utan jag kom istället att fortsätta pressa mig under många herrans år.

Jag skäms verkligen över att jag inte förstod bättre. Men samtidigt kunde jag förstås inte veta utan tog för givet att vårdgivarna var de som satt inne med kunskapen. Dessutom har jag som sagt jättesvårt för förändringar och ovisshet, så bättre att fortsätta hålla fast vid det som jag väl åtminstone delvis hade börjat vänja mig vid – terapi och sjukhusvistelse – än att ensam ge mig i kast med något helt okänt. Lite som när någon stannar kvar i ett destruktivt förhållande; man vet vad man har men inte vad man får.

"Mycket ambivalent till att vara här. Malin berättar vidare att ångesten ibland är outhärdlig och hon måste anstränga sig för att inte rasa ihop. Det är en stor utmaning för Malin att vara här på avdelningen, men som hon uthärdar och växer då förhoppningsvis även en bit." (Läkare)

"Malin informeras om [psykologens] bedömning att vistelsen här är värdefull, ger henne trygghet och har 'smörjande effekt'." (Överläkare)

"Malin kämpar för att kunna vara kvar här. Upplever denna kamp som värdig." (Läkare)

Jag kom alltså att bara må allt sämre. Och jag hade nu även helt förlorat kontakten med mina arbetskamrater, som ju var anledningen till att jag överhuvudtaget vände mig till psykiatrin. Situationen började onekligen bli lite absurd, och ändå hade denna nedåtgående spiral bara tagit sin början.

Jag förstod inte längre vad jag egentligen höll på med och enligt min journal hade jag även väldigt svårt att tro på en förbättring, men ville ändå fortsätta försöka, fortsätta kämpa. Och det gjorde jag genom att anpassa mig efter och ta till mig psykiatrins åsikter om vad som troligtvis var det bästa för mig. Jag visste inte vad jag skulle ta mig till, så det enda jag kunde göra var att försöka följa de råd som gavs mig. Jag satt verkligen fast i en rävsax – och skulle göra så väldigt många år framöver.

"Malin utnyttjar verkligen tiden här och arbetar med sig själv hela tiden. Kämpar tappert, målinriktat. Har dock mycket stora krav på sig själv och tror att hon misslyckas varje gång hon tappar kontrollen." (Överläkare)

"Malin beskriver sin kamp för att komma ihåg saker från sin barndom och försöka få alla pusselbitar på plats." (Läkare)

"Malin är mycket trött, sover knappast något alls på nätterna. Det har börjat en process som hon inte kan stoppa. Hon rivs i bitar, kämpar." (Läkare)

※ ※ ※

Jag började nu även bli allt oroligare för hur mitt illamående påverkade mamma. Inte för att jag talade med henne om det, men bara det att jag låg på sjukhus innebar förstås en fruktansvärd stress och oro för henne.

Annars visade jag inte upp mitt illamående för vare sig mamma eller min bror, eller försökte i alla fall att inte göra det. Och detta ständiga hoppande mellan de helt olika roller jag här intog, och under åren sedan kom att fortsätta göra, slet förstås även det rejält på mig.

"Det har varit en svår vecka för Malin med oroliga och stökiga patienter på avdelningen. Hon är fortfarande ambivalent till om hon egentligen behöver vara här. Mycket energi går åt till att lugna sin mor som misstänker att Malin måste må mycket dåligt för att behöva en så lång vårdtid här." (Läkare)

Tiden gick och vi var förstås tvungna att försöka se till hur min framtid skulle kunna tänkas se ut. Själv kände jag nu att jag inte alls kunde återgå till mitt arbete. Dels för att jag mådde så fruktansvärt dåligt och inte heller kunde stänga av på samma sätt som tidigare, dels för att jag kände att jag bara hade förmågan och orken att arbeta med en sak i taget: mitt illamående eller ett "vanligt" arbete. Och så hade jag ju även helt förlorat kontakten med arbetskamraterna. Psykiatrin blev alltmer frustrerad över min situation, över att jag själv inte hade några framtidsplaner och inte visste hur jag skulle orka ta mig vidare. Man funderade därför på både behandlingshem och arbetsprövning via AMI.

"Hon har svårt att bestämma sig för någonting och enligt [psykologen] behöver hon skjutas på. Vad det gäller framtidsplaner är det två möjligheter som diskuteras. Dels behandlingshem i Falköping och dels arbetsprövning via AMI. Malin tror sig inte kunna klara något av dem men vägrar inte totalt och enligt [psykologen] kan hon övertalas." (Läkare)

Min oro för mamma kom att visa sig vara befogad, för hon kom sakta men säkert att må allt sämre. Vilket förstås innebar att även jag själv kom att göra det. I den bästa av världar borde väl då psykiatrin kunnat göra något för att hjälpa oss båda, kan man kanske tycka. Men så fungerade det inte. Nej, när jag bad mammas läkare om hjälp redan när jag låg inlagd fick jag ingen sådan, utan det skulle istället ta åtta-nio månader och flera utsända distriktsläkare – för att försöka få till stånd ett vårdintyg – innan mamma äntligen kom under vård. Nu blev situationen på avdelningen verkligen helt ohållbar för mig så jag skrev ut mig.

> "Sedan längre tid tillbaka har hon märkt en viss försämring hos sin mamma som talar för att hon är på väg in i en psykos. Detta känns mycket jobbigt för Malin. Då [överläkaren] föreslår att Malin kanske skulle strunta i mamman och låta grannarna ta hand om henne protesterar Malin omedelbart och säger att det är helt otänkbart. Malin säger också att hon själv vill dra tyngsta lasset för att skydda sin lillebror, 'det räcker med två psykiskt sjuka i familjen'." (Läkare)

> "Patienten är spänd och ångestfylld, resonerar adekvat och insiktsfullt om sin svåra kamp. Uttrycker dödslängtan, förnekar dock aktuella självmordsplaner. Vi är hela tiden medvetna om att Malin har mycket stor suicidrisk och det enda som håller henne vid liv är att modern behöver henne." (Läkare)

> "Utskrives idag oförbättrad på egen begäran. Suicidrisken är fortfarande stor. Hela vårdtiden känns ändå inte som misslyckad, utan Malin har gått igenom en stor bit av den smärtsamma processen och är nu mera öppen än tidigare." (Läkare)

Efter utskrivningen gick jag med på att försöka mig på AMI, även om jag var "mycket negativt inställd och kände det som ett enda stort misslyckande", enligt psykologens anteckningar. Min kontakt med psykologen fungerade nu inte heller så bra eftersom jag även där kände mig misslyckad och bara till besvär. Ja, psykologen har till och med skrivit att jag "motarbetar möjligheterna till utveckling". Så jag avslutade kontakten – men bara för att återkomma någon månad senare eftersom jag samtidigt kände mig misslyckad över att då ha misslyckats med terapin. Något jag förstås inte alls kunde förlika mig med. Att ge upp är nämligen inte något jag gör i första taget.

Men givetvis mådde jag även jättedåligt och var därför i stort behov av stöd, särskilt nu när jag hade börjat på AMI. Och när det blev dags för arbetspraktik blev det så illa att jag till och med bestämde mig för att suicidera. Jag kunde dock inte svika mamma och min bror på det sättet, inte utan att åtminstone än en gång ha försökt hitta ett annat alternativ. Jag avbröt därför suicidförsöket och satte mig istället på cykeln och tog mig ut till sjukhuset, för att där tala med den kloka skötare jag hade fått så bra kontakt med. Men hade inte hon jobbat den natten hade jag nog inte suttit här i dag. Väl där blev jag sedan medvetslös och även inlagd två-tre veckor.

///

Denna kontakt med psykiatrin minns jag i stort sett inget av. Och det trots att jag låg inlagd under så lång tid och mådde minst sagt dåligt av det. Men jag vet att jag ständigt kände mig oerhört rädd, misslyckad och stressad av att inte riktigt förstå och inte heller tyckas kunna ta emot och använda mig av den hjälp som erbjöds mig, utan istället bara kom att må så här mycket sämre. Ja, så dåligt att jag alltså ville ge upp livet och till och med försökte göra det. Så just på grund av allt detta illamående har det förstås även här skapats vissa känslominnen. Jag drömmer ju exempelvis fortfarande mardrömmar om psykiatrin ibland, och jag har även en benägenhet att alltför ofta skuldbelägga mig själv i kontakten med sjukvården.

Här kan väl tilläggas att även de flesta av mina mardrömmar till största delen består av känslor och knappast några detaljer alls. Ofta vaknar jag upp helt skräckslagen och mycket stressad utan att ha riktigt klart för mig vad det egentligen var som orsakade det hela. Men jag tror faktiskt att mina mardrömmar många gånger inte ens är egentliga hågkomster av tidigare händelser, utan istället ofta handlar mer om nuet och framtiden. Att det dagen innan har hänt något som visserligen, när jag under natten väl sänker garden, triggar igång även gamla rädslor, men att de då snarare dyker upp för att förstärka den rädsla och oro jag redan känner. Men helt säker på att det verkligen förhåller sig så är jag förstås inte.

Vad jag också har lagt märke till den senaste tiden – när jag har arbetat med denna text och då även börjat få fatt i vissa detaljer i många av mina drömmar – är att min hjärna nu hittar på helt nya historier, även om de fortfarande kretsar just kring min kontakt med psykiatrin och mammas sjukdom. Jag drömmer alltså inte om de faktiska händelserna, som jag ju inte minns, utan de gamla känslominnena kopplas istället samman med helt nya bilder. Vilket väl i och för sig är precis så vår hjärna gör när den skapar de flesta av våra drömmar, antar jag.

"Patienten plågas svårt av mardrömmar och nattmaror och hamnar i ett tillstånd mellan vakenhet och dröm, där hon har all möda i världen för att så småningom kunna förankra sig i verkligheten." (Psykolog)

❧ ❧ ❧

Enligt journalen uppmuntrade min psykolog mig ändå till att fortsätta i psykoterapin och "satsa på min egen utveckling". Och även jag själv ville väl förstås innerligt gärna tro på att det kanske ändå skulle lösa sig, att jag kanske skulle kunna leva upp till hennes förväntningar och äntligen lyckas med något, så vi fortsatte därför ett tag till. Efter misslyckandet med AMI accepterade jag nu till och med att en remiss skrevs för en behandlingshemsutredning. Det säger väl lite om hur mycket jag egentligen kämpade, snarare än motarbetade, för en vistelse på ett behandlingshem var både det mest skrämmande och mest förnedrande jag överhuvudtaget kunde tänka mig. Det lustiga var att jag när jag väl påbörjade utredningen fick reda på att om jag skulle få en behandlingshemsplats då även skulle förlora kontakten med min psykolog. Något jag inte hade förstått och som tydligen ingen annan heller hade gett sig tid att förklara för mig.

> "Är klart ambivalent till besöket här och förklarar det utifrån att hon vill göra [psykologen] nöjd. Uttrycker indirekt ett stort hjälpbehov och verkar vara mycket lidande men har ingen entydig motivation för att söka hjälp via behandlingshem." (Psykolog)

Vi har nu kommit fram till slutet av 1995 och jag spolades väl mer eller mindre upp som känslomässigt vrakgods hos denna psykolog som höll i utredningen. Dessutom var jag helt skräckslagen. Det var nämligen bara alternativen praktikplats och behandlingshem man diskuterade vid den här tidpunkten och jag orkade ju egentligen inte med något av dem. Men inte heller kunde jag bara strunta i allt, så jag visste förstås varken ut eller in och kände mig därför oerhört pressad. Ändå skulle jag med åren komma att må än mycket sämre, men det visste jag ju tack och lov inte då.

Psykologen såg förstås hur fruktansvärt dåligt jag mådde, men vad gäller orsakerna till det fortsatte tyvärr fokus att även här läggas på min relation till mamma. Ändå kan jag i journalen se att jag redan vid första mötet tar upp just mina svårigheter i kontakten med människor och då särskilt jämnåriga, att jag inte förstår dem, och att jag sedan även fortsatte att återkomma till det gång på gång. Så det känns väldigt ledsamt att man inte lade mer fokus på det. Det som ju faktiskt var anledningen till att jag sökte hjälp.

"För övrigt framstår bilden av en person med en karaktärsstörning, en mycket ambitiös och noggrann person med höga krav på sig själv och sin omgivning och som utvecklat en insufficiens med borderlinedrag och där de självdestruktiva dragen är framträdande. Det handlar också om en ömsesidig bundenhet mellan henne och mamman och en låsning som blivit efter skilsmässan." (Psykolog)

"Hon beskriver också som problem att hon inte kan fungera ihop med människor, särskilt jämnåriga." (Psykolog)

"Upprepar om och om igen att hon inte klarar av människor." (Psykolog)

Det var inte bara jag själv som inte ville eller trodde mig klara av en vistelse på ett behandlingshem, utan även psykologen såg flera frågetecken. Dels mitt självdestruktiva beteende med bland annat mat- och alkoholmissbruk samt suicidtankar, dels min ålder som nu hade hunnit bli 30 år. Dessutom hade vi inte lyckats komma fram till en gemensam problemformulering som vi på ett konstruktivt sätt kunde jobba vidare på. Något som ju var nödvändigt eftersom det trots allt var fråga om en frivillig behandlingsform. Och det är väl klart att vi inte hade kunnat göra det, eftersom mycket av det som var mina egentliga svårigheter inte uppmärksammades av psykiatrin. Något jag själv tyvärr inte heller hade förmågan att ordentligt redogöra för eftersom inte heller jag hade kännedom och kunskap om alla mina svårigheter.

Efter några besök hos psykologen orkade jag inte mer och vi avbröt därför bedömningsförsöket, och jag avbröt samtidigt kontakten med min distriktsläkare. Jag var nämligen tvungen att istället fokusera på att hjälpa mamma att sälja huset och flytta till en lägenhet. Jag var nu dessutom helt uppgiven och hade inte längre några förhoppningar om att klara av att ta emot den hjälp som erbjöds mig, och ansåg mig därför bara vara till besvär. Psykologen gav sig dock inte utan lovade att via telefon höra av sig längre fram, för att höra om jag verkligen stod fast vid mitt beslut.

Även om just denna flytt väl kanske inte är det bästa exemplet, eftersom den faktiskt var ganska extrem på många sätt, är den ändå talande för en av mina svårigheter. Nämligen den att inte ha ork med mer än en sak, eller person för den delen, i taget. Inte om jag vill lösa situationer eller problem på bästa sätt i alla fall. Något jag förstås alltid vill göra. Jag vill och behöver få avsluta en sak innan jag kan ta itu med nästa. Även det något som nog tyvärr har varit lite svårt för psykiatrin att förstå.

Behandlingshem eller inte

Fyra-fem månader senare återknöt jag så ändå kontakten med min distriktsläkare, och tog då också mod till mig och återvände till utredningspsykologen. Jag var givetvis livrädd, men samtidigt var ju min situation oförändrat mycket svår och jag visste vare sig hur jag skulle orka leva vidare eller göra slut på det hela. Egentligen orkade jag inte alls med tanken på behandlingshem eller att nu åka till mottagningen i

Falköping igen, och inte heller att åka ut till mamma varje dag, men på något sätt hittade jag ändå kraft att göra båda delar.

Efter att ha avslutat den testmässiga delen av utredningen och även gjort ett studiebesök på ett av behandlingshemmen kunde vi till slut konstatera det jag redan visste: att jag inte skulle klara av det. Och då uppstod förstås en ny kris, för vad skulle jag då göra när jag i så fall skulle stå helt utan hjälp, om man bortsåg från min distriktsläkare. Stå helt ensam i en värld som hade blivit många gånger mer svårförståelig och oviss än den jag levde i innan kontakten med psykiatrin, då jag åtminstone hade haft ett arbete och arbetskamrater.

Jag var givetvis väldigt ambivalent till det hela och ville både ha hjälp och inte längre ha med psykiatrin att göra alls. En ambivalens som sedan har hängt med i alla år. Och just denna ständiga osäkerhet, men även de utbrott – jag skulle i dag snarare kalla dem meltdowns – som nu allt oftare skulle uppstå vid exempelvis förändringar, kom tyvärr att ses som att jag var rädd för att bli övergiven. Eller bli "bortsopad och avvisad". Något som egentligen inte stämde, inte på det sätt som psykiatrin ville ha det till i alla fall. Det var nämligen förändringarna och ovissheten i sig, det att inte veta vad jag egentligen skulle försöka förhålla mig och anpassa mig till, som skrämde mig. Och så förstås det att inte ens förstå mig själv ordentligt.

Så när jag till hösten fick veta att psykologen både hade fått tillåtelse och själv ville erbjuda mig fortsatt kontakt, trots att jag inte skulle befinna mig på ett behandlingshem, måste det ändå ha inneburit en oerhört stor lättnad för mig. Okej att jag fortfarande var helt skräckslagen och oförstående, men jag fick då ändå något att hålla fast vid, något som åtminstone inte var *lika* ovisst som alternativet. Jag kunde väl då återigen försöka planera för någonting, nämligen att framöver ta mig till psykologen och försöka klura ut vad jag skulle göra där. Och då förhoppningsvis också lyckas bättre än vad jag hade gjort hos den tidigare terapeuten. Jag fick en ny chans att försöka bli en duktig patient. Givetvis skulle de kommande åren nu komma att bli oerhört frustrerande och jobbiga för min psykolog, men även fruktansvärt plågsamma för mig.

"Vi kämpar nu på båda två för att hitta vägen till någon slags möte där vi båda kan uthärda. Patienten visar god vilja men också att det är mycket svårt för henne, och hon kan berätta om att hon efter besöken här känner att hon misslyckats och att hon måste straffa sig själv." (Psykolog)

"Malin kommer varje vecka mer eller mindre plågad och sluten. Släpper till ibland men drar då gången därefter ihop sig igen. Hon är full av självanklagelser och superkänslig för hur jag lägger mina ord." (Psykolog)

"Hon är fortfarande mycket upptagen med att försöka ta reda på vad hon ska göra hos mig och [distriktsläkaren] för att kunna vara oss till lags, ta reda på vad vi vill att hon skall säga och göra." (Psykolog)

Detta att inte ha en aning om vad jag egentligen försökte åstadkomma hos psykologen, och den ständiga känslan av att varken förstå eller kunna göra mig ordentligt förstådd, slet förstås något oerhört på mig. Och så gjorde också det ständiga växlandet mellan de olika situationer och personer jag nu hade att försöka förhålla mig till, där jag var tvungen att inta olika roller. En inför min familj och då främst mamma, en annan i kontakten med psykologen och distriktsläkaren, och en tredje när jag var med mig själv, då jag inte hade något att hålla mig fast i alls.

Inte gjorde väl heller min minnesproblematik det hela lättare, när jag då inte kunde bära med mig känslor och erfarenheter från det ena mötet till det andra. Eller med mig hem, för den delen. Dessutom behöver jag tid på mig när det kommer till att få fatt på tankar och ord, så det var tur att jag här ändå vågade använda mig av brevskrivandet och senare även telefonsamtal. Det blev nämligen ett sätt för mig att både försöka göra mig förstådd och hålla minnet av kontakten och psykologen vid liv.

"Patienten är hela tiden livrädd för att jag ska komma med nya förslag på åtgärder och förändringar som hon känner att hon inte kan ställa upp på."
(Psykolog)

"Det är ofta lättare för henne att göra sig ordentligt förstådd per brev än vid direktkontakt. Det är för övrigt mycket svårt att undvika när man träffas öga mot öga att kommunikationen går på sned eftersom vi ofta lägger in olika betydelser i orden och tonfallen. Malin är också oerhört rädd för att göra skada med sitt sätt att vara." (Psykolog)

Eftersom jag bara blev alltmer stressad och rädd, och inte alls kunde få någon ordning på vare sig kontakten med psykologen eller mig själv, kom vi fram till att vi skulle börja träffas två gånger i veckan. För att på så sätt se om det kunde bli något lättare för mig att uthärda mellantiden. Men även våra möten, för jag blev nämligen allt som oftast så pressad när jag var där att jag fick meltdowns och sprang därifrån. Detta var naturligtvis något jag både skämdes och föraktade mig själv för, vilket då i sin tur förde med sig både självskadebeteende och än mer stress och rädsla. En nedåtgående spiral, som sagt.

"Efter en stunds förtvivlan orkar hon inte sitta kvar utan reser sig och rusar iväg enligt tidigare mönster. Hon är så pass spänd och har så ont i kroppen att hon haltar till innan hon försvinner ut genom dörren." (Psykolog)

"Det här upplägget med en patient som har så stora kontaktsvårigheter och kraftig ångest med självdestruktivt beteende känns dock på sikt helt otillräckligt och tveksamt." (Psykolog)

Psykologen ansåg väl kanske att jag ibland överreagerade mer än lovligt, att jag var lite av en dramaqueen. Men för mig är detta kaos som uppstår i huvudet vid överbelastning något helvetiskt och då finns bara alternativen agera eller "stänga av" – eller meltdowns och shutdowns. Där det senare är det alternativ som jag utan jämförelse använder mig mest av, även om det som sagt kom att bli många meltdowns just i kontakten med psykiatrin. När jag nu har kontakt med personer med autismspektrumdiagnoser har jag äntligen fått en större förståelse och acceptans för dessa svårigheter. Jag är nämligen långtifrån ensam om att ha dem.

Samtidigt som det var bra med tätare kontakter – jag hade utöver psykologen dessutom min distriktsläkare – var det som sagt också slitsamt att behöva växla mellan olika situationer och roller på det sättet. Jag hade även en stark rädsla för att mamma skulle bli psykotisk om hon fick veta vilka svårigheter jag egentligen hade, så jag kämpade ständigt med att få det hela att se så bra ut som möjligt. Dessutom var det nu fruktansvärt stressande att inte veta om eller när Försäkringskassan kanske skulle lägga fram något åtgärdsförslag. Eller ens veta hur länge jag egentligen skulle få behålla mitt sjukbidrag. Jag höll därför på att sakta men säkert slitas i bitar.

Till slut blev läget helt kaotiskt för mig, och jag kunde till och med tänka mig att inte få några pengar alls bara för att slippa denna ständiga, inre ovisshet. Efter en hel del krisreaktioner beslutades därför att jag skulle få sjukpension, vilket jag fick våren 1998.

Då fick jag även reda på att diagnosen emotionellt instabil personlighetsstörning, eller borderline, hade satts på mig. (Senare skulle även bulimi och generaliserat ångestsyndrom, GAD, läggas till.) Något som fick mig att må fruktansvärt dåligt och som jag faktiskt mår dåligt av än i dag. Jag blev nu än mer rädd för mig själv och mina svårigheter, vilket verkligen inte gjorde min situation det minsta lättare. Tvärtom. Jag kunde inte se att diagnosen stämde då och kan än mindre göra det i dag. Snarare var det en helt felaktig diagnos som skulle komma att göra mig väldigt illa. Men likt förbaskat kom jag nu att försöka förhålla mig till just den beskrivningen av mina svårigheter, för psykiatrin skulle väl ändå veta bäst.

///

För att ändå inflika något positivt i allt detta elände så fick min bror en dotter sommaren 1997. En väldigt stor händelse i vår familj, förstås. I november fick jag sedan också som stolt fadder stå där med henne i famnen när hon döptes och min bror samtidigt passade på att gifta sig. Båda händelser jag verkligen skulle vilja kunna minnas men tyvärr inte gör. Och det trots att jag har tillgång till både videofilm och fotografier. Det är både mycket ledsamt och skrämmande och särskilt videofilmen ger mig mycket obehagliga overklighetskänslor.

# #

Våren 1998 var jag tydligen i ett sådant bedrövligt skick att psykologen ansåg att jag var tvungen att lägga in mig. På grund av mitt missbruk av mat och alkohol rekommenderade hon därför Tox-kliniken i Falköping. Men det var inte den enda anledningen. Nej, vi hade även talat om att en sådan avdelning kanske skulle kunna vara åtminstone något lite lättare för mig, eftersom personalen där troligtvis inte skulle lägga sig i mitt psykiska mående så mycket. Där skulle jag kanske därför få vara ifred och därmed lättare kunna koncentrera mig på att vila upp mig, istället för att lägga ner tid och kraft på att försöka anpassa mig och leva upp till omgivningens krav och önskemål.

Jag ville förstås inte alls lägga in mig eftersom jag visste att jag skulle komma att må mycket dåligt på avdelningen, men jag gick ändå med på det. Och en av anledningarna var att psykologen då skulle släppa tanken på en kontakt med mamma och hennes vårdgivare. Något hon ansåg att vi behövde få till men som jag däremot inte alls ville höra talas om. Men jag ville säkerligen också försöka göra henne nöjd, vara en duktig patient, för hon hade ju nu kommit att betyda väldigt mycket för mig.

Här kan väl kanske tilläggas att mitt alkoholintag egentligen aldrig var ett primärt missbruk eller ett kemiskt beroende, utan till största delen snarare handlade om ett rutinberoende på samma sätt som och i samband med mitt matmissbruk. Men det missbrukades förstås likväl och användes även i ångestdämpande och ibland till och med straffande syfte. Däremot gällande maten kan vi tyvärr verkligen tala om både svårt beroende och missbruk. Dessutom är det ett som jag nog vågar påstå kan vara mycket svårare att ta sig ur eftersom vi ju faktiskt alla behöver äta för att överleva.

Både psykologen och överläkaren på avdelningen gjorde allt för att underlätta både inläggningen och vistelsen för mig. Något jag måste ha varit mycket tacksam för, även om jag kan läsa att jag var både taggig och avvisande. Eller med andra ord mycket stressad och rädd. Jag orkade dock bara vara där en vecka innan jag kände att det hela blev mig övermäktigt, men jag hade då ändå lyckats få en ganska bra kontakt med både överläkaren och avdelningsföreståndaren. Alltid något.

"Det har varit med uppbjudande av alla sina krafter som hon stått ut och nu går det inte längre. Hon har ingenting emot avdelningen eller vården som sådan, inte heller har hon något emot personalen, det är bara det att på sjukhus klarar hon inte av att vara." (Överläkare)

"Hon hatar emellertid sig själv för att hon inte orkar stanna kvar, hon upplever det som ett misslyckande, vilken känsla jag dock försöker ta ur henne. Tvärtom tycker jag att hon gjort ett bra arbete här." (Överläkare)

Efter vistelsen fortsatte jag att ha kontakt med avdelningsföreståndaren ett tag. Jag besökte honom antagligen i samband med att jag var hos psykologen och alltså ändå var i Falköping. Det som var bra och rätt för mig i den kontakten var att han var så tuff och rak, något jag värdesatte eftersom jag då inte behövde fundera så förbaskat mycket över eventuellt underliggande budskap.

Men tyvärr slutade även vår kontakt på ett tråkigt sätt, och det var jag själv som "valde" att avbryta den eftersom jag till slut inte orkade med hans ofta *alltför* glättiga attityd. Jag är själv humoristisk och gillar verkligen att skämta, men ibland behöver jag få vara allvarlig och begrundande också och då är det inte alltid läge för skämt. Jag vet att jag sa detta till honom, och till och med bad honom om att inte alltid ta allt med en klackspark eftersom jag for så illa av det, men tyvärr gick han inte med på det. För övrigt hade förstås inte heller han förstått mina svårigheter ordentligt, så jag hade väl ändå förr eller senare behövt avbryta kontakten. Men detta kändes likväl som ett nytt misslyckande.

"Slutfasen av vårt samtal sker under mycket glättigare former, patienten har ju trots allt en mycket skön humor. Märks också att hon styrs hela tiden utav sina dagsrutiner. Blir nervösare också när undertecknad medvetet drar ut på samtalet." (Avdelningsföreståndare)

///

Jag fortsatte att kämpa tillsammans med psykologen och distriktsläkaren och åkte även ut till mamma de flesta andra dagarna. Jag blev därför alltmer uttröttad, men också rädd när jag kände att jag inte någonstans riktigt klarade av att leva upp till de olika förväntningarna och önskemålen. Jag förstod ju faktiskt inte ens själv alltid vilka de egentligen var. Om något hade jag här verkligen behövt få en bättre förklaring till mina svårigheter. Kunskap som jag skulle kunnat ta till mig och använt mig av, för just kunskap är nämligen A och O för mig. Då hade jag ju haft något att hålla mig fast i och som inneburit att jag åtminstone hade förstått *mig själv* bättre. Och jag hade även sluppit att kämpa så infernaliskt med att försöka passa in i de för mig så felaktiga mallarna.

Jag kämpade nämligen även i min ensamhet med att försöka anpassa mig till sådant som psykiatrin tycktes tro var det rätta för mig, och försökte förstå hur jag tydligen fungerade utifrån deras sätt att se på mina svårigheter. Jag läste bland annat böcker om borderline och sökte där kunskap jag försökte ta till mig. Och jag kände nog igen mig i något, eller snarare trodde mig göra det, men kände med all säkerhet samtidigt att det trots allt var väldigt mycket som inte stämde alls. Men *vad* detta var kunde jag väl tyvärr inte sätta ord på.

Jag kan i journalen se att jag inte ens kunde förstå varför jag till exempel blev så påverkad av förändringar i besökstider eller vid semestrar. Att jag så totalt kunde tappa kontrollen av sådana till synes bagateller. Något jag verkligen föraktade mig själv för. Och jag kunde inte heller vare sig förstå eller förklara varför jag så ofta blev både sensoriskt och tankemässigt överbelastad och då alltså fick dessa skamliga meltdowns. Så vad jag då gjorde var att verkligen försöka passa in i diagnosen som satts på mig, genom att "omforma" mig och intala mig att det var just så här jag fungerade. Jag hade (och har) ju ett så fruktansvärt stort behov av igenkänning och förståelse.

"Det är således ett ekorrhjul som patienten har att springa i och hur man än gör och hur man än föreslår så blir det alltid fel på något sätt. Det slutar med att patienten känner sig värdelös både som människa, dotter och patient." (Psykolog)

"Patienten slår sig också själv, river sig i ansiktet och på kroppen och bankar huvudet för att 'banka skiten ur sig'. Patienten kan inte acceptera att vara en person, och hon kan inte acceptera att vara en person som tänker och känner annorlunda än vad hon själv accepterar inom de snäva ramar hon satt upp för sig." (Psykolog)

"Hon sitter fast i en omöjlig situation, där hennes fysiska och psykiska lidande är mycket stort men där också en enorm pliktkänsla och envishet gör att hon kämpar vidare." (Psykolog)

Att jag sprang som en galning i ett ekorrhjul kan jag förstås inte annat än hålla med om. Och jag förstår hur svårt och frustrerande det måste ha varit för psykologen att inte kunna hjälpa mig, och även att det kanske utifrån henne kunde se ut som att jag avvisade alla försök att hitta bra utvägar. Men själv anser jag verkligen inte att det var det jag gjorde, utan att jag bara på något sätt försökte orka överleva samtidigt som jag alltså kämpade med att försöka passa in i omgivningens mallar. För det var ju inte bara jag själv som hade satt upp dessa "snäva ramar", utan även psykiatrin hade minsann ramar som man som patient var tvungen att försöka passa in i.

I ytterligare ett försök till förståelse tog jag mod till mig och frågade om inte distriktsläkaren, psykologen och jag kunde träffas tillsammans, för att på så sätt försöka utröna om vi alla strävade åt samma håll och om jag kämpade på rätt sätt hos dem båda. Men framför allt hoppades jag nog på att då kanske förstå vad det var de tydligen förstod om mig, något som jag själv uppenbarligen helt hade missat.

Mötet gick tydligen jättebra utifrån deras syn; de kom bra överens och såg på saker ganska likartat. De hade tydligen även en "positiv hållning till mina möjligheter att komma vidare, trots min svåra livssituation." Men det som alltså blev ett bra möte för dem blev något av en katastrof för mig, något min psykolog antagligen hade svårt att förstå.

Jag kommer förstås inte ihåg detta, men jag har i dag inte alls svårt att förstå att jag kom att må så dåligt av det. Jag kan ju i dag se vad som troligtvis hände där, och ser också i journalen att jag faktiskt berättade att jag kände mig utanför. Att det för mig kändes som att de representerade en helt annan värld, en som jag var utestängd från. Så trots att jag fick veta att de tänkte i samma banor – något jag behövde – kände jag samtidigt den där glasväggen jag så ofta kan känna när jag är tillsammans med människor. Den som gör att jag inte riktigt kan nå fram till min omgivning. Att jag liksom inte befinner mig i samma verklighet.

Denna glasvägg, känslan av att befinna mig i en glasbubbla och då visserligen se ut som jag deltar i olika situationer men ofta likväl inte gör det, uppstod nog tyvärr allt som oftast även hos psykologen. Det är en känsla som är mycket plågsam, särskilt om man inte vet varför och alltså inte kan sätta ord på det. Jag avskyr ju dessutom att inte förstå eller kunna göra mig förstådd och kan bli mycket rädd och ångestfylld när det blir så. Att jag ofta blev så panikslagen i möten med psykologen att jag var tvungen att rusa därifrån ser jag därför inte längre som det minsta konstigt.

"Säger att hon känner sig lurad av sina föräldrar, lurad av psykvården och lurad av [distriktsläkaren] och mig, som uppmuntrar henne att känna men där hon sedan inte orkar att känna utan hela tiden måste försöka stänga av, vilket samtidigt blir allt svårare för henne." (Psykolog)

"Patienten ber ständigt och jämt om ursäkt för sitt beteende, så också denna gång då hon ber om ursäkt för att hon, som hon tycker, kastade skit på psykvården vid förra mötet. Det är mycket svårt för patienten och det är lätt att vi kommer fel i vår kommunikation även om vi försöker att göra vårt bästa från båda hållen." (Psykolog)

"Är så tvångsmässig i att hon till varje pris måste försöka göra mamman glad samtidigt som hon själv håller på att gå i bitar. Vi står och stampar på samma fläck." (Psykolog)

Jag hade alltså verkligen behövt få tillgång till kunskap här. Men för att sedan även kunnat ta den till mig och arbetat med den på bästa sätt, hade jag förstås också behövt ha tillgång till en någorlunda förutsägbar och förståelig omvärld. En omgivning som för mig hade känts åtminstone hyfsat trygg och pålitlig, men som då alltså även hade *förstått mig*. Hade jag fått det är jag övertygad om att jag hade varit en sjuhelsikes mycket bättre patient och faktiskt skött mig riktigt bra. Och dessutom hade jag då troligtvis själv kunnat få må betydligt bättre.

"Är ställd nu när kroppen inte orkar längre, den sviker henne trots att hon slår den allt vad hon orkar. Tidigare har det fungerat och hon har kunnat stänga av och kunnat utföra sina åligganden. Patienten frågar idag om medicinerna som vi talade med [överläkaren] om för ett tag sedan." (Psykolog)

När så både kropp och själ höll på att svika mig helt gick jag med på att testa en ångestdämpande medicin igen, nämligen Truxal. Det var den allra lägsta dosen jag fick insatt och jag började med att ta en tablett på kvällen. Men det gick inte så bra. Jag fick nämligen blodtrycksfall av tabletten, och jag föll då och slog huvudet i badrumströskeln och slog upp ett långt jack i svålen. Jag blödde troligen en hel del och tuppade nog även av en stund. Jag borde då förstås ha ringt efter en ambulans, men det gjorde jag inte. Nej, istället drog jag ner en mössa, gick ut och skrapade bort isen på bilen – det var tydligen svinkallt, ner mot 20 minusgrader – och körde själv ut till sjukhuset. Väl där blev jag direkt lagd på en brits och sydd med åtta-tio stygn. Antagligen fick jag vid detta fall även en fraktur på den sjätte kotbågen i nacken, men det var inget jag fick reda på då. Så kan det gå när man är medicinkänslig. Och envis.

✒ ✒ ✒

Jag och psykologen kämpade envist på, trots att jag var ständigt stressad och rädd och hon väl måste ha varit ganska frustrerad. Jag hade som sagt med all säkerhet hela tiden känslan av att vi inte helt förstod varandra. Att där fanns saker som jag som människa borde veta, göra och förstå, men likt förbaskat inte gjorde. Något jag nog tyvärr inte heller kunde sätta ord på och förklara för min psykolog.

Men jag vet ändå att jag gång på gång under årens lopp sa att det kändes som att ha ett stort frågetecken inombords, men likt förbaskat sakna förmågan att kunna formulera några egentliga frågor. Att jag var som ett enda stort garntrassel, men där jag inte ens lyckades få fatt i någon ände att börja nysta i. En del av detta trassel har jag tyvärr fortfarande kvar inom mig, även om jag nu i alla fall har funnit flera ändar att nysta i och då sakta men säkert också börjat förstå mig själv allt bättre.

"Det är en ständig pendling till och från i kontakten och patienten uttrycker både sin längtan och sin stora rädsla. Hon känner skräck när hon inte vet vad som förväntas av henne och hon upplever sig så misslyckad när hon tycker att hon 'flippar ur'." (Psykolog)

118

"Har nu efter en period med ökat närmande åter dragit sig tillbaka och är mer avmätt och tillknäppt i kontakten. Blir då tämligen tyst i rummet varför det är svårt att föra en dialog." (Psykolog)

Nya inläggningar och flytt

Till sist blev mitt illamående återigen i det närmaste helt övermäktigt; kroppen höll väl på att gå sönder och psykiskt mådde jag förstås än sämre. Jag hade inte tillgång till någon kunskap som kunde hjälpa mig att inte bara förstå mina svårigheter och hitta vägar framåt, utan även lättare stå ut i nuet. Så det enda jag kunde hålla fast vid var psykologen och hennes åsikter – men även distriktsläkaren och min familj, förstås. När jag inte förstod vad jag kämpade med eller för fortsatte jag alltså att kämpa för psykologen. För var det någon människa jag ville "lyckas" inför så var det inför henne. Jag ville åtminstone kunna ge henne gåvan att vara en duktig patient och bli frisk, när hon ju kämpade så envist och infernaliskt för mig.

Våren 1999 gick jag därför återigen med på att lägga in mig på sjukhus, denna gång på en vanlig psykiatrisk avdelning i Falköping. Det var verkligen inte lätt för mig, så mycket kan jag säga trots att jag inte minns det. Jag vet till exempel att situationen med mamma var mycket besvärligare än då jag lade in mig i Skövde första gången, eftersom hon denna gång var mycket mer hjälpbehövande. Jag åkte därför ut till henne så fort jag hade permission. Men själva vistelsen på avdelningen var förstås ändå allra värst för mig, med alla nya kontakter, alla nya och ständigt skiftande intryck, allt illamående – både mitt eget och andras – all ovisshet och detta tjatande om mediciner.

"Tycker det är jobbigt att vara på avdelningen med så många människor när hon
har svårt med närkontakt. Det är inte människorna i sig utan själva kontakten
med människor hon upplever är jobbig. Som att välja mellan pest och kolera
enligt henne själv." (Läkare)

Första gången stod jag tydligen inte ut mer än tre dagar, men psykologen övertalade mig att göra ett nytt försök och då klarade jag att stanna nästan två månader innan det hela blev mig övermäktigt. Men jag hade nu i alla fall träffat och fått mycket bra kontakt med en sjuksköterska på avdelningen. En person som var lätt att prata med och som även hon kom att betyda väldigt mycket för mig.

Under sommaren tog jag sedan själv åter kontakt med avdelningen angående inläggning, även om det var på min psykologs inrådan. Denna gång låg jag inne så länge som sju månader. Det var ganska tufft av mig själv, kan jag nu tycka. För jag både ser och förstår att jag till exempel måste ha mått jättedåligt bara av det att inte kunna precisera vad jag egentligen ville ha hjälp med, utöver en tids fysisk avlastning då. Jag har överhuvudtaget mycket svårt att förstå hur jag orkade kämpa så här år ut och år in, när jag ju inte ens visste vad jag egentligen kämpade med.

Men kämpade gjorde jag banne mig. Och jag blir ledsen när jag ser hur jag tydligen fortsatte tro att *alla* plågsamma känslor var ett tecken på att jag var på väg någonstans. Att det kanske höll på att bli folk även av mig. Och att jag därför fortsatte pressa mig även de gånger jag borde förstått att dessa känslor faktiskt snarare var ett varningstecken jag borde lyssnat på. Att man om insidan skriker "Spring!" ibland faktiskt bör göra just det. Och då inte heller förakta eller straffa sig själv för det, vilket jag alltså ständigt gjorde. Att jag mådde så här fruktansvärt dåligt i kontakten med psykiatrin anser jag också borde ha fått varningsklockorna att ringa hos *dem*, fått dem att förstå att det kanske ändå var något som de/vi gjorde fel här.

> "Vid samtalet försöker vi diskutera lite grann kring vad patienten vill få ut av sin vistelse och vad vi skall göra. Malin vet inte detta helt säkert och tycker att det är besvärligt för henne att hon inte riktigt kan precisera sina önskemål." (Läkare)

> "Hon har det mycket svårt på avdelningen och det är i många stycken alldeles för svårt för henne att vara i närheten av människor på det sättet, och skräcken tar många gånger överhanden och hon är nära bristningsgränsen och även över bristningsgränsen. Räddar sig undan genom att gå ut på långa promenader eller språngmarscher och genom att kunna åka hem och vara med sig själv i sin lägenhet." (Psykolog)

Jag hade som sagt fått god kontakt med en sjuksköterska, och det var väl främst det som ändå höll mig kvar på avdelningen. Utöver psykologens tro på att det trots allt var bra för mig, då. Vilket det förstås var åtminstone rent fysiskt sett. Men det var oerhört pressande och stressande att känna dels att läkarna ville att jag skulle medicinera och fungera på ett visst sätt, dels att övrig personal ansåg mig vara jobbig eftersom jag inte gjorde några framsteg och även sprang från avdelningen när jag inte stod ut. Här låg verkligen min diagnos mig i fatet och många såg väl mig tyvärr som manipulativ, något jag verkligen inte är, och som en person som överreagerade stup i kvarten.

> "Patienten är mycket spänd, uppskruvad och stressad men klarar trots allt av att sitta en hel timma och samtala med oss. Ger inte ögonkontakt men försöker ändå tala om de olika sakerna vi diskuterar. Känner att hon måste uppfylla plikter åt alla håll." (Överläkare)

"Personalen på avdelningen känner viss frustration eftersom de tycker att det är svårt att veta vad man skall göra för att hjälpa Malin. Tycker inte att hon gör några framsteg." (Överläkare)

"Hon känner sig oerhört misslyckad över att hon inte står ut att vara i vårdmiljön. Har samtidigt svårigheter att orka med att vara hemma och det blir mycket mat på de permissioner hon har." (Psykolog)

Jag har mycket svårt att förstå att jag stod ut så länge som jag trots allt gjorde och har full förståelse när jag nu ser att jag så ofta tänkte på att skriva ut mig. Men samtidigt försökte jag ju hela tiden anpassa mig till situationen. Jag försökte ständigt ställa in mig på hur den närmaste framtiden troligtvis skulle komma att se ut, så varje gång något oväntat dök upp blev jag därför i det närmaste panikslagen. Något som vården tydligen inte alls förstod. Att exempelvis behöva träffa nya vårdgivare är stressande för mig i dag, så då måste det förstås ha varit rent fruktansvärt att så ofta behöva göra det där på avdelningen.

///

I ännu ett försök att både göra mig bättre förstådd och själv bättre förstå bad jag vid den här tiden om ett nytt möte. Denna gång tillsammans med sjuksköterskan, psykologen och distriktsläkaren. Jag kände väl själv att jag inte kom någonstans där på avdelningen och hoppades att ett sådant möte kanske skulle kunna göra mig lite klokare.

"Malin försöker att göra sig förstådd med oss och är mycket noga med att förklara det som egentligen är helt omöjlig att säga i ord. Hon vill också höra våra svar och om vi säger ungefärligen lika. Hon kan fortfarande inte lita på att vi kommer att finnas med henne oavsett hur hon beter sig och hur hon har det med sig själv

inombords. Hon vill göra, säga och tänka rätt och hon vill även visa de rätta
känslorna." (Psykolog)

Men min psykolog ansåg i alla fall att jag gjorde en del framsteg under
vårdtiden. Att jag tydligen var tryggare och mindre spänd då jag var
hos henne, hade mindre bindning till mamma, och även slog mig och
drack mindre. Hon tyckte också att det var positivt att jag försökte
knyta fler nya kontakter. Och visst, det kan väl i och för sig stämma på
ett sätt, för som jag redan skrivit fungerar jag bäst om jag får och har
möjlighet att fokusera på en sak i taget. Och det fick jag ju på sätt och
vis göra under den här perioden, även om sjukhusvistelsen var rena
tortyren för mig och jag alltså fick betala ett väldigt högt pris för det.
Det som också är mycket ledsamt är att det faktiskt hade gått att göra
vistelsen åtminstone något mindre plågsam för mig, om bara den kun-
skap som även läkarna fick ta del av hade tillämpats betydligt bättre.
Nämligen den som jag och psykologen, genom trial and error, redan
hade kommit fram till.

"Malins psykolog framför /... / Malins behov är att ha ganska få människor
omkring sig och dom skall tala tydligt språk. Malin misstolkar lätt då man är
otydlig. Behöver struktur i tillvaron. Behöver också känna att det är okej att hon
lämnar avdelningen om hon mår dåligt. Viktigt när det gäller Malin är också att
inte göra för mycket på en gång, utan att långsamt framåt hela tiden pejla in vad
Malin vill och hur hon känner sig." (Överläkare)

"Patienten ger inte ögonkontakt på hela tiden utan sitter och tittar ner i knät. Är
dock mycket vältalig och beskriver sin syn på vården som hon är missnöjd med.
Tycker att man strävar åt olika håll, där avdelningen ställer krav på hur man skall
vara och där avdelningen anser att man mår bra om man uppträder på ett visst
sätt, men att hon själv inuti mår dåligt." (Läkare)

Trots att jag mådde så dåligt på avdelningen bestämdes det ändå i januari 2000 att jag skulle kvarstanna ännu en tid. Givetvis försökte jag då anpassa mig till beslutet och tog väl för givet att det också skulle följas från sjukhusets håll. Men så blev det inte. Nej, istället blev jag kort därefter kallad till ett möte med en av läkarna – en dag då min kontaktperson (sjuksköterskan) inte fanns på plats – som tog beslutet att bara skriva ut mig hux flux.

Att han drog undan mattan under fötterna på mig så där fick mig förstås att må fruktansvärt dåligt. Särskilt som ingen annan på avdelningen ens lyfte ett finger för att förhindra det. Min psykolog blev förstås även hon helt ställd men säkert även heligt förbannad, och det skrevs en avvikelserapport över händelsen. Nu blev det återigen helt kaotiskt i mitt huvud.

> "Försöker reda i tankar och känslor efter det inträffade på avdelningen, men kan inte få ihop det. Patienten är fortsatt extremt plågad och klarar sig väl bara tack vare sin extrema envishet och uthållighet. Hon far mycket illa i sitt hem med hetsätning, alkohol och att hon slår sig själv. Hon har ont i hela kroppen på grund av att hon är extremt spänd." (Psykolog)

Efter en månad kom så ändå en ny behandlingskonferens till stånd och det bestämdes att jag trots allt skulle göra ett nytt försök på avdelningen. Inget som jag vare sig ville eller egentligen orkade med, så det var verkligen med nöd och näppe jag orkade återvända.

Jag kommer förstås inte ihåg detta tillfälle, men jag tror att det var då min psykolog, när hon såg att jag höll på att implodera av ångest, drog ner mig på golvet och tryckte ihop mig i sin famn, halvliggandes över mig. För någon som, liksom jag, inte är så där speciellt förtjust i kramar kunde det förstås fått motsatt effekt, men här lugnande det ner mig. Hon hjälpte mig väl att förstå att det ändå fanns en yttre gräns och visade även att hon såg och förstod min fruktansvärda belägenhet. Jag vet inte om vi redan innan detta hade talat om Temple Grandins krammaskin, eller om vi gjorde det efteråt, bara att vi vid den här tiden någon gång gjorde det. Jag fick i alla fall på detta sätt hjälp med att lugna ner mig och accepterade sedan uppgivet den fruktansvärda situationen. När så sedan inskrivningsläkaren väl kom var jag istället förtvivlad över livet i allmänhet och inläggningen i synnerhet.

"Det är omöjligt att kommunicera med patienten. Hon svarar inte på frågor. Hon tittar på golvet och gråter hela tiden. Patienten är nedstämd, ångestladdad. Vill inte prata eller bli undersökt." (Läkare)

Två-tre månader orkade jag tydligen innan jag skrev ut mig och istället fortsatte som dagpatient ett par dagar i veckan. På det sättet fick jag nämligen möjlighet att träffa min kontaktperson, men även tillgång till en ny, hälsosammare rutin samtidigt som jag hade tillgång till mina rutiner på hemmaplan. Jag hade ett par tuvor att hoppa emellan för att slippa vara ensam i avgrunden: psykologen och sjuksköterskan. Men jag kan förstå att jag inte ville ha mer, att jag inte ville bli en regelrätt dagpatient och gå till exempelvis terapin, för både nya kontakter och avdelningen i sig hade jag verkligen fått mer än nog av. Lite självbevarelsedrift hade jag tydligen ändå, även om jag förstås samtidigt gjorde mig illa därhemma.

/ / /

Jag vet att min psykolog under de här åren hittade en intervju med Gunilla Brattberg, och efter att nu ha kikat i Svenska Dagbladets arkiv förstår jag att det måste ha varit den som där publicerades i slutet av 1999. Efter att då ha läst den började jag, mig veterligen, för första gången fundera kring autismspektrumet och blev nyfiken på Gunillas böcker. Jag kände verkligen igen mig i så mycket av vad som beskrevs där och sökte väl därför vetgirigt vidare även hos andra författare, där jag fann mer av samma vara. Jag vet till exempel att jag på sjukhuset läste Gunilla Gerlands "En riktig människa", och vet också att jag diskuterade den med min kontaktperson. Jag fann nämligen flera år senare en anteckningsbok från sjukhustiden, full med citat från bland annat just nämnda bok.

Jag kan tänka mig att det måste ha varit en otroligt häftig och även befriande känsla att äntligen kunna känna igen mig i så mycket. Men samtidigt fanns där förstås även beskrivningar av sådant jag inte kände igen från mig själv – främst då olika beteenden – så tyvärr höll jag just då ändå inte fast vid dessa funderingar och kämpade för dem så hårt som jag väl borde ha gjort. Än sorgligare är det väl dock att psykiatrin inte gjorde det, när det nu ändå fanns så mycket här som skulle kunnat förklara många av mina svårigheter.

"Patientens tillstånd oförändrat. Fortfarande svårt psykiskt lidande. Inga klara framsteg. Fortfarande upplever hon mycket ångest, vill ej ha sina mediciner. Patienten själv funderar mycket på sin diagnos." (Läkare)

Jag blir verkligen ledsen över att se att vare sig psykologen eller avdelningen har gjort några noteringar i journalen kring mina funderingar, utöver ovanstående läkaranteckning. För jag är övertygad om att detta var en mycket viktig händelse för mig, och att det hade gjort en oändligt stor skillnad om jag hade fått stöd och uppbackning kring det. Och då även fått ordentligt förklarat för mig att jag ju inte behöver fungera exakt som till exempel någon av dessa båda författare. Fått förklarat för mig att jag inte borde ha stirrat mig så blind på de olikheter jag fann, utan istället borde ha försökt se den större bilden.

Okej att jag väl kanske får skylla mig själv som inte bättre stod upp för mina funderingar, men samtidigt försökte jag ju lita på att psykiatrin, och då främst min psykolog, trots allt satt inne med mer kunskap än vad jag själv gjorde. Dessutom var jag väl så sönderstressad och ångestfylld att jag här hade svårt att tänka riktigt klart överhuvudtaget.

✒ ✒ ✒

Någon gång under sommaren 2000 bestämde jag mig för att flytta till Falköping. Det hade nämligen börjat bli outhärdligt att vistas i min lägenhet i Skövde. Jag hade börjat bli alltmer stressad över att möta grannarna eller riskera att springa på gamla kompisar och arbetskamrater på stan. Jag kände mig mer anonym och fri i Falköping och hoppades väl kanske därför på att jag där skulle kunna få till en nystart av mitt liv. Dessutom hade ju mina vårdgivare så länge påpekat att jag var alltför omhändertagande och bunden till mamma, så jag ville då säkert även på detta sätt visa dem att jag klarade av att skapa lite distans till henne. Bokstavligt talat.

I praktiken kom förstås flytten att slita rejält på mig, både fysiskt och psykiskt. Men när jag väl har bestämt mig för något, eller har tydliga planer och projekt att genomföra, ser jag också till att det blir gjort. Att jag är envis och uthållig är nämligen bara förnamnet.

Själva flytten genomförde jag till största delen på egen hand eftersom jag oftast vill klara mig själv, även om det då samtidigt kan bli lite för mycket "kan själv" ibland. Jag körde därför skytteltrafik mellan Skövde och Falköping och flyttade över allt som gick att trycka in i min och mammas lilla bil. Ja, jag vet att min bror undrade vad fasiken det var de skulle flytta när väl han och min svägerskas far kom med lastbilen. Det var nämligen då bara det allra största och mest otympliga kvar i min gamla lägenhet. Och som jag väl knappast behöver påpeka längre har jag inte något som helst minne av denna flytt heller.

När jag så i slutet av oktober flyttat klart gick luften helt ur mig. För trots att tiden innan och under flytten hade tagit upp extremt mycket av både min tid och ork hade jag då ändå haft planer och ett projekt att genomföra. Något som jag hade kunnat hålla fast vid och som väl på så sätt gett mig en viss struktur och förankring. När detta sedan väl var avklarat stod jag istället plötsligt där helt utan något alls. Och jag var nu dessutom tvungen att försöka vänja mig vid både en ny lägenhet och en ny stad, även om jag förstås redan kände till Falköping ganska väl.

gentemot sin mor och sin bror samtidigt som jag ser den stora kontrasten till den lilla rädda fågelungen som sitter och darrar vid köksbordet och inte vet vad hon skall ta sig till." (Psykolog)

Denna omställning blev nog tyvärr alltför stor för mig. Ett stort, svart hål öppnade sig framför mig och jag kom nu att må mycket sämre än tidigare, med en ökad ångest och ökat mat- och alkoholmissbruk. Flytten som skulle vara början på något nytt och förhoppningsvis bättre kom alltså istället att bli till det sämre för mig; jag tappade fotfästet och föll nog ganska hejdlöst under en tid. Här skulle jag verkligen behövt något att hålla mig fast i, som till exempel en diagnos som bättre hade beskrivit *orsaken* till mina svårigheter. Alltså något jag hade kunnat sätta tänderna i och börjat utforska där i min ensamhet. Och som i förlängningen då kanske även hade lett till att jag hade kunnat få kontakt med personer med liknande svårigheter.

Jag stod tydligen inte ut med mig själv och inte heller med att vara ensam i min lägenheten, så i försöken att komma ifrån båda höll jag mig därför så mycket som möjligt utomhus de dagar då jag inte var hos mamma. Jag vankande gata upp och gata ner men tillbringade säkert även mycket tid ute i skogen. Jag förstod väl att jag var tvungen att på något sätt bygga upp och vänja mig vid nya rutiner, men det är ju något som är lättare sagt än gjort och som dessutom kan ta ganska lång tid att göra.

I mitt superstressade tillstånd började jag nu dricka betydligt mer och då inte bara i samband med mitt matmissbruk. Ja, jag dök tydligen upp onykter även hos min psykolog. Något jag verkligen skäms över när jag nu sitter här och läser om det. Det var förstås otroligt dumt gjort av mig, men samtidigt visar det ju bara hur fruktansvärt illa jag mådde och hur illa jag for av att varken förstå mig själv eller ha tillgång till en mer förståelig och någorlunda förutsägbar omvärld.

"Hon klarar inte att vara ensam med sig själv i lägenheten någon längre stund utan att dricka alkohol, hetsäta eller kanske slumra till under natten några stunder. För övrigt är hon ute och går timma efter timma för att hålla undan de starka impulserna att ta livet av sig som hon har. Det som hindrar henne från att göra detta är ansvaret för mamman." (Psykolog)

"Hon ber om hjälp. Samtidigt klarar hon inte av att vara på en slutenvårdsavdelning med den överkänslighet och mottaglighet hon har när det gäller andra människor och behovet av att vara alla till lags, och samtidigt ha behovet av att ha kontroll över allt som sker. Det blir en helt omöjlig och orimlig situation för henne." (Psykolog)

"Patientens känsla av att vara annorlunda och stå utanför allt är mycket intensiv och hennes fastlåsning i ett överlevnadsmönster som är förödande är så påtagligt. Hon är oftast skräckslagen och även uppgiven. Upprepar hela tiden att hon inte orkar ha det som hon har det men att den utväg hon ser är förbjuden." (Psykolog)

Till slut accepterade inte min psykolog situationen längre. Hon ansåg att vi inte kom någonstans i terapin och att det därför var dags för mig att lägga in mig. Efter att ha fått uppbåda all sin övertalningsförmåga fick hon så till slut med mig upp till Tox igen, för ett samtal med överläkaren där. Men även om dessa båda kvinnor väldigt envist försökte få mig att ändra mig gick jag ändå inte med på en ny inläggning. Jag gick dock med på att komma tillbaka till avdelningen några gånger för att blåsa och visa att jag kunde avhålla mig från alkohol. Jag återvände även några gånger för att prata med överläkaren, som jag ju redan tidigare hade fått bra kontakt med.

Min psykolog blev nog, helt förståeligt, alltmer frustrerad och uppgiven över hur vår situation såg ut, och det gör mig verkligen ledsen att se hur jobbigt det måste ha varit för henne. Men gudarna ska veta att det även gör mycket ont att se hur uppgiven, skräckslagen och frustrerad jag själv var. Och hur jag ständigt kämpade som en galning i mina försök att göra, tänka och känna rätt.

> "Hon har ibland kontakt med [överläkaren] men patienten känner sig inte så pass trygg att hon vågar lägga in sig, och det har heller inte funnits förutsättningar för eller något att vinna med LPT. Klart är dock att patienten far mycket illa både fysiskt och psykiskt och jag vet inte hur detta ska sluta." (Psykolog)

> "Åtskilliga telefonsamtal från patienten där hon oftast är djupt förtvivlad, ångestfylld, gråtande och skrikande ut sin förtvivlan och nöd. Upprätthåller mitt upp i detta sina besök hos modern i Skövde. Det är i nuläget inte möjligt att göra något egentligt psykologiskt arbete." (Psykolog)

> "Uttrycker med stor vånda hur misslyckad hon känner sig och att hon är en börda för oss, slår sig med handflatan mot huvudet, kliar sig häftigt i håret." (Psykolog)

Hon ansåg att det behövde finnas fler vårdgivare kring mig. I början av sommaren 2001 vände hon sig därför till öppenvården, för att där försöka få till stånd en kontakt med en psyksköterska för min del. Något som förstås gjorde mig oerhört stressad men jag väl ändå satte en viss förhoppning till, inte minst för psykologens skull. Men att då sedan behöva gå och vänta på något som jag inte visste hur det skulle falla ut, ja, inte ens kunde föreställa mig, var förstås oerhört jobbigt för mig. Så det blev tydligen en hel del krisreaktioner under de där månaderna det tog innan det första mötet med sjuksköterskan väl kom till stånd.

Att gå och vänta, och då särskilt på något som är osäkert, är nämligen pest och pina för mig. Jag vill därför få saker gjorda så fort som möjligt, för att på så sätt få tillgång till en mer förutsägbar framtid. Annars är risken stor att paniken istället blir ett faktum och jag struntar i det hela. Jag kan väl därför ibland vara lite påfrestande att ha att göra med i vissa situationer. Psykologen förstod ju mycket av detta, men jag ser att hon ändå oftast, och så även här, beskriver mina problem när det kommer till att etablera och behålla kontakter som att jag ofta känner "besvikelse och kränkning". Eller känner mig "bortstött". Något som alltså inte stämmer riktigt.

ııı

Nu blev även kontakten med psykologen alltmer osäker, eftersom hon avsade sig de flesta av sina patienter och istället lade fokus på andra arbetsuppgifter. Våra mötestider blev alltså lite mer osäkra men framför allt mer oregelbundna, något som även det var mycket stressande för mig.

"Det är svårt att veta hur man ska göra i sådana här lägen då patienten blir ifrån sig vare sig hon får tider eller inte alls. Hon har dock rätt i att vården inte alls kan ge henne det hon behöver av kontinuitet, trygghet och förutsägbarhet på ett sätt så att hon vågar slappna av så mycket att hon kan våga landa i sig själv." (Psykolog)

"Patienten är mager och frusen och 'sönderstressad'. Jagar runt i tillvaron och med sitt ätande, för att inte tvingas stanna upp och känna det kaos och bottenlösa rädsla som ändå av och till kommer över henne. Patienten lider nu extra kraftigt av att våra tider är oregelbundna." (Psykolog)

Hitintills hade jag även haft viss fortsatt kontakt med den sjuksköterska jag träffade när jag låg inlagd, och det trots att hon nu hade gått i pension. Men tyvärr fick vår kontakt ett mindre lyckat slut och det var nog även det mitt fel. Jag hade antagligen fortsatt att försöka vara så ärlig om mitt illamående som möjligt, vilket tidigare hade uppmuntrats, och det säger väl sig självt att det för en privatperson blir påfrestande i längden. Jag borde nog istället ha försökt att spela en betydligt trevligare och piggare Malin i kontakten med henne, antar jag. Då hade jag kanske inte stött bort henne. Men nu blev det som det blev, nämligen ett nytt misslyckande på relationsfronten.

Det var alltså mycket som under den här tiden stressade mig och fyllde mig med obesvarade frågor och ångest, men mest rädd var jag nog ändå för att behöva träffa nya vårdgivare igen. Jag mådde väl med andra ord allt annat än bra när jag väl under senhösten fick träffa överläkaren och psyksköterskan på öppenvårdsmottagningen.

"Det som gör det extra svårt just nu är patientens eskalerande skräck inför besöket på psykmottagningen, och hennes ambivalens när det gäller detta är mycket påtaglig." (Psykolog)

"Träffar patienten tillsammans med [psyksköterska]. Malin beskriver sin svåra situation, sin starka ångest och depressivitet. Beskriver ett ritualiserat levnadsmönster där rutinerna är en strategi för överlevnad. Vi pratar även kring patientens tankar och önskemål kring kontakten här, men Malin har svårt att uttrycka sina behov." (Överläkare)

Det bestämdes i alla fall att jag skulle få en psyksköterskekontakt. Jag fick även av överläkaren i uppgift att till första mötet med henne försöka formulera mina tankar kring kontakten och vilka önskemål och behov jag kunde tänkas ha. Något jag förstås varken visste eller klarade av själv utan fick vända mig till min psykolog för att få hjälp med. Till första mötet kom jag alltså med en lista sammanställd av oss båda.

Men tyvärr förstod jag ändå inte riktigt vad jag egentligen skulle göra där, vad jag skulle prata med henne om. Det enda jag ganska snart förstod var att jag tydligen skulle göra något helt annat hos henne än vad jag gjorde hos min psykolog, och att det behov jag hade av att tala om liknande saker hos dem både alltså var fel. Jag fick inte heller någon egentlig kontakt med henne. Något som även det stressade mig något oerhört. Det vågade jag tydligen inte själv ta upp med henne, utan min psykolog fick även där hjälpa mig med att få till tätare träffar, för att på så sätt kanske lättare kunna etablera en kontakt med psyksköterskan som kändes bra för mig.

Även om tätare kontakter åtminstone inledningsvis gjorde det hela lite lättare för mig kändes det ändå inte bra. Men trots det kämpade jag på och hoppades väl kanske att det ändå skulle komma att lösa sig på något sätt, även om jag förstås mest höll fast vid kontakten för min psykologs skull. Hon hade nämligen redan från början velat ha till stånd denna för att eventuellt få hjälp med att även etablera andra kontakter för min del. Så hon bad mig hålla ut även då jag själv kände att jag för länge sedan hade fått nog.

"Patienten uttrycker att hon inte känner sig riktigt förstådd av mig, men har svårt att beskriva på vilket sätt. Hon säger att hon främst kommer för att [psykologen] sagt att hon behöver ytterligare någon kontakt inom psykiatrin." (Psyksköterska)

"Patienten behöver på olika sätt stöd och hjälp. Det jag hittills har kunnat erbjuda har varit ångestskapande för patienten och både hon och jag upplever att vi inte får någon bra kontakt." (Psyksköterska)

Fortsatt kamp i samma gamla hjulspår

Själv mådde jag bara allt sämre och var i ett rent bedrövligt skick, både fysiskt och psykiskt sett: "är ytterligt mager, har ont i hela kroppen och går ofta haltande och även ihopkrupen, är sönderstressad". Jag var också helt uppgiven över hela situationen. Något som förstås även psykologen måste ha varit. Hon ansåg att jag hade ett så pass svårt lidande att man behövde försöka bygga upp en mycket tydligare stödstruktur kring mig, särskilt som jag inte klarade av att vara inlagd. Så utöver att ha kontakt med öppenvårdsmottagningen lade hon fram idén om att även ta kontakt med kommunens psykiatripersonal.

"Patienten är i dagsläget mycket uppgiven när det gäller sina och våra möjligheter att hjälpa henne vidare, och hon har uttalade självmordstankar och pratar nu mer om de planer som hon sedan gammalt har." (Psykolog)

"Fortsatta tröstlösa försök att vara till någon som helst nytta för patienten. Hon upplever själv, och även jag upplever att hon knyter sig allt hårdare och att hon tystnar allt mer, knyter ihop sig och faller i intensiv gråt som sedan fortgår. Jag anser att hon har ett klart större vårdbehov än vad vi kan tillgodose inom öppenvården, samtidigt är hon paniskt förskräckt inför allt vad slutenvård heter, och jag har ju också sett att hon far mycket illa i den miljön eftersom den blir för stimuluskraftig för henne." (Psykolog)

Sommaren 2002 blev det därför dags för ett nytt stressande möte, denna gång tillsammans med min psykolog, psyksköterskan, kommunens psykiatrisamordnare och en sjuksköterska. Inför varje sådant här möte är jag som sagt mer eller mindre panikslagen, så det var jag väl även denna gång. Sedan fick jag även ensam träffa kommunens personal ytterligare ett par gånger innan det bestämdes att jag skulle få stöd från kommunen i form av en kontaktperson. Något som jag utöver att egentligen inte vilja ha dessutom skämdes för, så här lades alltså ytterligare ett stressmoment till i och med att jag inte ville tala om det för min familj.

Denna sommar föddes även mitt andra brorsbarn, denna gång en liten kille. En jättestor och roligt händelse för min familj och mig, men en som jag tyvärr inte har något som helst minne av. Jag blir verkligen otroligt ledsen över att behöva skriva sådant här – men förstås än mer ledsen över att faktiskt ha dessa fruktansvärda minnessvårigheter.

I slutet av sommaren började jag så sedan träffa kontaktpersonen. Det gick tydligen hyfsat bra åtminstone inledningsvis, men sedan blev det bara alltmer stressande och ångestfyllt för mig. Jag har inget som helst minne av denna kvinna och vet inte alls vad vi gjorde tillsammans, även om jag kan se att jag tydligen släppte in henne i min lägenhet. Troligtvis samtalade vi och promenerade en del, antar jag. Men att göra det tillsammans med någon som inte förstår mig, jag inte har något gemensamt med, eller åtminstone delar ett intresse med, är inte bara meningslöst utan även plågsamt för mig. Jag vet i alla fall att jag inte mådde bra av det, och det står också tydligt i journalen att jag bara kom att må allt sämre av kontakten innan jag till sist avslutade den senhösten 2003. Även detta ett avslut jag då självklart skuldbelade mig själv för; ännu ett misslyckande.

✦✦✦

Nu hade jag även avslutat kontakten med psyksköterskan. Men eftersom psykologen ansåg att jag behövde hålla fast vid mottagningen, och jag väl själv också kände att jag nog behövde någon att prata med utöver henne, försökte hon få till stånd en ny behandlare. Någon jag förhoppningsvis kunde etablera en bättre kontakt med.

Nu blev det alltså återigen mycket oro angående hur det skulle komma att bli framöver. Om jag överhuvudtaget skulle få en ny kontakt och om den i så fall skulle fungera, eller om jag istället skulle misslyckas igen. Min panik och mitt illamående stegrades under denna väntan, men när jag till slut fick ett erbjudande fick jag tydligen även då panik och pressade psykologen rejält för att hon skulle ta ställning till hur jag skulle göra. Något hon förstås sa att jag var tvungen att besluta själv. Så för både hennes och min skull valde jag därför att tacka ja och under senhösten 2002 började jag träffa en ny psyksköterska.

Mitt i allt detta kaos och illamående började jag även bli alltmer medveten om och plågad av att inte tyckas ha tillgång till mina minnen på det sätt som de flesta andra människor har. Jag började därför bli alltmer intensiv i mitt sökande efter svar på varför jag har sådana problem, svar på varför min hjärna inte tycks fungera som de flesta andras. Och jag fortsatte förstås även att kämpa alltmer med att både försöka förstå och acceptera och hantera mina känslor.

"Patienten gråter mycket under besöken här, i stort sett oupphörligen, gråter och snorar. Blir samtidigt mycket stel i kroppen och har jätteont när hon vidrör allt det hon tycker är så fruktansvärt jobbigt i livet. Lider också nu mycket av att hon inte kommer ihåg sin egen historia, upplever allt så overkligt och att hon inte har några referenspunkter." (Psykolog)

"Patienten försöker krampaktigt hålla kontrollen över en situation, både vad
gäller det yttre och det inre, som egentligen är helt okontrollerbar och som för
henne är mycket skräckfylld i och med att den är så oförutsägbar. Av och till tycker
jag att patienten använder sig av våra möten här på ett konstruktivt sätt, antin-
gen hon genomlider sådant som är aktuellt idag eller relaterat till upplevelser
från tidigare." (Psykolog)

"Hon funderar också mycket över varför hon är som hon är och vill försöka förstå
för att på det sättet hitta någon form av trygghet i sin situation." (Psykolog)

Från och med januari 2003 återkom jag också med förnyad kraft till
mina funderingar kring autismspektrumet. Jag lade nu fram dem hos
både psykologen och psyksköterskan, som jag tack och lov kom att få
bra kontakt med, men säkert även hos min distriktsläkare. Jag funde-
rade nu överhuvudtaget väldigt intensivt på hur vår hjärna och vi
människor egentligen fungerar och läste många böcker som avhand-
lade både neurologi och psykologi. Men tyvärr tycks jag även ha fort-
satt att lyssna till, eller kanske snarare känna av, psykiatrins åsikter, och
sökte alltså främst vidare efter svar och förståelse i böcker som handlade
om svårigheter som kan uppstå under uppväxten.

"Vid dagens besök pratar patienten en del om autismspektrumstörningar, tycker
att hon känner igen sig i många av de symtomen." (Psyksköterska)

"Patienten försöker också, genom att läsa, förstå vad som hänt med henne och
hon hittar olika jämförelser med personer som har autismspektrumstörningar,
men också att det finns väsentliga skillnader mellan henne och dessa personer."
(Psyksköterska)

"I övrigt har patienten arbetat bra under perioden och har varit mycket upptagen
med att försöka förstå hur hjärnan arbetar och hur stressupplevelser och svårig-
heter att hantera känslor kan innebära vittomfattande störningar i förmågan att
fungera. Hon sätter det hon lär sig i relation till sig själv, och tycker att hon får

någonting som hjälper henne att bygga någonting som kan vara begripligt. Patienten återkommer till att det finns likheter mellan hennes fungerande och det hos personer med autismspektrumstörning, men hon tycker ändå att det tycks finnas avgörande skillnader." (Psykolog)

"Patienten är intensivt upptagen med att försöka hitta en röd tråd och ett sammanhang i sin problematik, som gör att hon ska kunna orka uthärda och gå vidare med sitt liv. Hon är mycket upptagen av att hon inte kan minnas sin historia och att hon inte heller på ett levande sätt kan minnas det som nu sker fortlöpande. Vi har den senaste tiden jämfört med hur det fungerar för människor i allmänhet och hur det verkar te sig för henne, och jag blir mer och mer klar över att det fattas någonting väsentligt, som utgör en grund för att man som person ska kunna känna sig förankrad i sitt eget jag och se sig själv i ett meningsfullt sammanhang." (Psykolog)

Jag upprepade gång på gång mitt enorma behov av att få vetskap om och få hjälp med att försöka förstå varför jag fungerar som jag gör. Och själv tycker jag faktiskt att det vid det här laget var mer än tydligt, även för psykiatrin, att det måste ligga något mer till grund för det än "bara" min uppväxt och mitt förhållande till mamma.

I journalen fanns ju nu väldigt många och tydliga beskrivningar av mina svårigheter och vad jag skulle kunna tänkas ha behov av. Dessutom hade jag även själv lagt fram både det och min historia hos väldigt många olika vårdgivare: läkare i alla de former, sjuksköterskor, skötare, psykologer, kuratorer och arbetsterapeuter. Det är därför så sorgligt att inte vare sig psykologen eller någon annan började fundera kring någon annan orsak till mina svårigheter. Förstod att det nu kanske var hög tid att se på dem utifrån ett annat perspektiv, särskilt som psykologen ju faktiskt själv hade gett mig den där artikeln om Gunilla Brattberg i slutet av 1999.

"Trött. Sliten. Ser ingen framtid för sig själv. Känner att hon är så annorlunda jämfört med oss andra och detta blir svårare och svårare att stå ut med."
(Psyksköterska)

"Hon försöker hantera tillvaron genom att öka sitt behov av kontroll, och det handlar då om hetsätning och andra former av rutiner och bestyr. Samtidigt försöker hon att ta emot de tankar och känslor som kommer kring sig själv, hur hon har det nu, hennes relationer på familjeplanet och även hur hon haft det tidigare. Hon lider svårt av att inte alls kunna minnas praktiska detaljer eller händelser från sin uppväxt, och hon har inte ett enda eget minne av fadern exempelvis." (Psykolog)

"Patienten ber ständigt om ursäkt för att hon är ett 'missfoster' och att hon beter sig som hon gör. Hon ber om ursäkt för att hon finns och för den person hon är och det avtryck hon sätter i omgivningen." (Psykolog)

✸ ✸ ✸

Hösten 2003 gjorde jag ett nytt försök vad gällde att få ihop en bättre helhet och få klarhet i vad jag egentligen höll på med. Jag hade redan av och till tagit upp funderingen om ett nytt möte med de inblandade vårdgivarna, och till slut vågade jag även be om det i klartext. Jag kan se att jag nu klart och tydligt sa att jag många gånger kände mig missförstådd, men även själv hade svårt att förstå, så jag ville väl med detta möte försöka både nå fram till vårdgivarna och samtidigt bli lite klokare själv. Se om jag på det sättet kanske kunde pussla ihop alla de olika delar av mig själv som jag lade ut hos dem. Mötet gick väl hyfsat bra och jag kände nog i alla fall att *vårdgivarna* strävade åt samma håll. Och då fortsatte jag förstås att sträva tillsammans med dem.

"Vårt förhållningssätt skapar någon form av grund för henne, där hon kan känna en viss trygghet och våga sig på att försöka ta fram det hon faktiskt står för själv och inte det som förväntas av henne. Svårigheten är att hon kastas in och ut i olika världar och rum hela tiden och att hon den allra största delen av tiden får hantera sin tillvaro helt på egen hand, med en för henne övermäktig ångest och ett stort kaos." (Psykolog)

"Ordet skräck återkommer ständigt i hennes relaterande och det märks särskilt när hon ringer att hon är skräckslagen och har en mycket hög stressnivå. Ibland tar skräcken och kontrollbehovet överhanden och hon lägger till olika tvång, men ibland försöker hon att ta bort exempelvis tillfällen till hetsätning, inte minst för att kunna prestera något inför sina behandlare." (Psykolog)

Under 2004 lade jag väl tyvärr funderingarna på autismspektrumet åt sidan igen och fokuserade istället återigen mer på hur illa jag måste ha farit under min uppväxt, och att jag kanske därför använde mig av dissociation i försöken att stå ut och hantera omvärlden. Psykologen återkommer nu själv ofta till just detta ord och skriver att även jag är väl medveten om att jag suddar ut plågsamma händelser och splittrar upp händelseförlopp. Det är sorgligt att se att jag fastnade så hårt i de tankebanorna eftersom jag då även måste ha kommit att pressa mig än mer i försöken att få till en förändring. Något som ju måste ha varit minst sagt kontraproduktivt. Och mycket riktigt mådde jag också bara allt sämre. Jag hade dessutom ständiga och mycket plågsamma mardrömmar.

"Samtal kring de eländen patienten är i. Försök från min sida att uppmuntra till att se eller göra annorlunda än det mönstret. Fortfarande dissocierar hon och tidigare erfarenheter är heller inte tillgängliga för henne." (Psykolog)

"Patienten har fortsatt svårt lidande inom sig, mellan de olika roller hon tycker att hon genom livet byggt upp och som inte känns genuina för henne och inte heller är integrerade i en helhet. Hon lägger otroligt mycket energi på att genom olika ritualer och rutiner försöka kontrollera en tillvaro som hon egentligen inte känner kontroll över." (Psykolog)

"Hon har mycket svåra mardrömmar nattetid, och vet när hon vaknar att hon måste kämpat eftersom hon ofta vridit kroppen i onaturliga ställningar och att hon har mycket ont i kroppen. Hon har också fått skaffa sig en bitskena eftersom hon tenderar att bita sönder inuti munnen. Det handlar känslomässigt mestadels om skräck och av att vara jagad och försatt i omöjliga situationer. Hon minns dock inte innehållet i det hon drömmer." (Psykolog)

∥ ∥ ∥

Nu börjar det onekligen bli mycket svårt att ta del av min journal, eftersom det är så fruktansvärt smärtsamt att se att vi bara körde på i samma spår. Jag borde förstås ha reagerat kraftigare över sådant jag inte tyckte stämde, men jag hade väl tyvärr varken kunskapen eller orken att göra det. Det som då är betydligt svårare att förstå är att ingen inom psykiatrin reagerade. För jag tycker ju att det nu är väldigt tydligt att det hos mig inte handlade om känslomässig instabilitet, utan att jag snarare var ständigt rädd och stressad över att inte förstå och inte bli förstådd och därför fick meltdowns när det blev för mycket för mig. Så på sätt och vis var min och psykiatrins ökade fokus på dissociation förstås inte helt fel. För jag var verkligen tvungen att "stänga av" plågsamma och motsägelsefulla känslor och tankar, och liksom ställa mig utanför mig själv, för att överhuvudtaget orka fortsätta med denna tröstlösa kamp. En kamp inte bara med mig själv och psykiatrin, utan även i förhållande till min omgivning och familj. Hade jag här ibland inte "stängt av" eller dissocierat hade jag med största sannolikhet inte överlevt.

"Patienten kämpar som tidigare med att försöka hålla ifrån sig det hon tänker och känner och det som kan vara henne själv. Tycker att hon ar mera stressad än någonsin, och det märks också i hela hennes uppenbarelse hur spänd och ansträngd hon är och hon har även gått ner ytterligare i vikt och är mycket tunn.

Hon känner sig jagad både av sin närmsta omgivning men också av sig själv."
(Psykolog)

"Patienten är trött, sliten och tunn. Hon är jagad av sin ångest, sin skräck för det
hon bär inom sig och som hon inte riktigt vet vad det är men som hinner ifatt
henne, och av sina oändliga bestyr, tvång, ritualer för att behålla kontrollen och
alltihop detta stången. Samtidigt upprätthåller hon sin vardag och sin service till
mamman och försöker även att hålla någon form av social yta gentemot övriga
familjen. Ibland inträffar något som bryter rutinerna och det vardagliga, och
ännu mer ångest och känsla av att vara annorlunda och utanför skapas."
(Psykolog)

"Patienten arbetar på det psykologiska planet intensivt för att försöka ta till sig
det hon känner och egentligen tänker själv, och hon är allt mer frustrerad över att
hon inte kan inom sig veta och minnas hur hennes uppväxt egentligen sett ut.
Hon saknar i det närmaste totalt konkreta minnen, och framför allt har hon inga
minnen som har någon som helst känslomässig innebörd för henne." (Psykolog)

Genom trial and error hade jag och min psykolog ändå kommit fram
till många riktiga slutsatser, både vad gäller vad jag skulle ha behov av
och hur jag skulle kunna hantera vissa saker lite bättre. Så när hon i
slutet av året kom med förslaget att vi tillsammans skulle försöka sätta
upp rutiner över hur jag skulle kunna tänkas ta mig an min vardag, var
det förstås både helt rätt och mycket bra.

Men samtidigt måste det ha känts – precis som det gör nu när jag läser
om det – både förnedrande och som ett misslyckande, när hon på det
sättet liksom uppgivet försökte använda sig av min "fyrkantighet" för
att utöver rutiner även få in att jag inte själv kunde styra över allting.
Hade vi först förstått varför dessa rutiner var så viktiga och nödvändiga
för mig hade det nog gått bättre, men nu gjorde vi ju inte det. Och då
kände jag mig nog bara värdelös när jag inte klarade av att göra sådant

som andra tycks klara utan större problem. För mig gäller nämligen att först få tillgång till kunskap och förståelse, för att sedan även ha möjlighet att hitta sätt att hantera och acceptera svårigheter.

Så både detta och det att jag faktiskt ändå försökte innebar nog att jag nu kom att känna mig än mer värdelös och misslyckad som människa. För jo, jag försökte faktiskt att göra en, om än så liten, förändring i en av mina rutiner och misslyckades då kapitalt. Jag vet att jag, när jag kom hem från psykologen, bara i tanken försökte byta ut en tallrik inför morgondagens frukost och då blev fullständigt panikslagen. Jag kunde nämligen inte för mitt liv komma på vilken jag istället skulle ta, och ändå hade jag flera likadana i skåpet. Så då ringde jag psykologen och skrek ut min beslutsångest. Det går visserligen att skratta åt det i dag, men det var nog allt annat än roligt just då.

Mitt självförakt växte när jag inte ens lyckades med en sådan enkel uppgift. Ja, jag skuldbelade mig själv för det mesta vid den här tidpunkten, för alla misslyckanden måste väl tyda på att jag inte kämpade tillräckligt hårt i försöken att fungera "normalt". Nu mådde jag så dåligt att det återigen blev dags att försöka sätta in ytterligare något stöd, denna gång en arbetsterapeut. Och så blev stressen och ångesten inför en ny kontakt återigen ett faktum.

Jag hade nu sedan länge inte någon aning om vilka behov jag egentligen hade, eller visste i alla fall inte om de kunde anses vara "riktiga", utan förlitade mig helt på psykiatrin. Det innebar tyvärr även att framför allt kontakten med mamma under åren hade kommit att bli alltmer påfrestande, när jag ju på det här sättet ständigt slets mellan flera olika Malin, varav en till och med försökte intala mig att mamma och hennes sjukdom nog ändå var den största orsaken till mitt illamående. Det höll verkligen på att slita mig i bitar då – och fyller mig med en oerhört stor sorg i dag när mamma inte längre finns med mig.

"Vi pratar också om hur det har kunnat bli så här, vad som eventuellt gick fel i barndomen. Patienten skuldbelägger hela tiden sig själv för att det är hon som har gjort fel, känner att hon inte har något eget jag utan hela tiden har försökt läsa av vad andra människor önskar och gjort så." (Psyksköterska)

"Det är mycket märkligt att patienten ändå lyckas upprätthålla någon form av balans och kan återhämta sig så pass att hon inte helt och hållet kollapsar. Som jag ser det skulle en trygg vårdmiljö med några få personer med god kunskap om denna typen av genomgripande och svårt psykiskt lidande kunna vara till nytta för patienten, genom att på ett mer praktiskt sätt finnas där för henne, och dels hindra henne i en del av tvångsbesvären men också trygga henne i att orka vara i det hon känner." (Psykolog)

"Börjar med att meddela patienten att jag talat med [arbetsterapeuten] /... / Patienten är rädd för att inte veta vad hon ska säga och att hon måste presentera vad hon vill ha hjälp med. Hon uttrycker: 'hjälp jag måste prata med [psykologen] så hon kan tala om för mig vad jag behöver hjälp med', men vi kommer överens om att vi träffas alla tre om 14 dagar och att jag och hon då hjälps åt."
(Psyksköterska)

EMDR och funderingar på autismspektrum

Kontakten med arbetsterapeuten föll tack och lov väl ut, men även under år 2005 lade jag alltmer fokus på dissociation och nu även på min diagnos, emotionellt instabil personlighetsstörning. För om nu psykiatrin trodde att jag fungerade så måste väl även jag där kunna hitta svaren på mina frågor, om jag bara sökte ordentligt och kämpade tillräckligt hårt. Men det fick mig verkligen inte att må bättre. Nej, tvärtom.

"Patienten upplever att hon har svårare och svårare att hantera sitt liv, hur hon tränger bort saker, lägger dem i olika fack, allt för att skräcken och ångesten inte skall bli så outhärdlig. Tror själv inte att hon kommer att leva så länge till, då hon inte tror att kroppen kommer att orka med detta. Pratar om barndomen och tar på sig hela skulden till att hon hanterar livet som hon gör." (Psyksköterska)

⚹ ⚹ ⚹

I april detta år avled min far, och det kom även det att ställa till det för mig både psykiskt och fysiskt. För det första hade (och har) jag inget som helst minne av honom och det blev väl verkligen aktualiserat då. Det måste ha känts både skrämmande och sorgligt att vare sig kunna minnas eller sörja en förälder, även om föräldern inte hade varit närvarande och ställt upp för mig. Sedan var det väldigt mycket trassel och tråkigheter kring detta dödsfall överhuvudtaget, med bland annat ett testamente där det verkligen blev tydligt hur lite jag och min bror betydde för honom. Det var alltså mycket spänningar och oro inom min familj här, vilket förstås stressade mig och fick mig att må väldigt dåligt.

Utöver att mamma här mådde psykiskt sämre blev hon under sommaren även mycket allvarligt sjuk rent fysiskt. Något som förstås även det påverkade mitt mående. Och eftersom hon de kommande åren nu bara skulle komma att bli allt krassligare överhuvudtaget, innebar det förstås också att jag fick stötta och hjälpa henne mer vad gäller till exempel kontakter med sjukvården och skjuts till sådan.

/ / /

Som den envisa person jag är fortsatte jag att ta upp hur dåligt jag mår av att inte ha tillgång till minnen. Eftersom fokus låg på dissociation, och att jag nog inte orkade minnas delar av min historia, hjälpte min psykolog mig därför sommaren 2005 att få kontakt med en privat EMDR-terapeut, för att se om kanske den terapiformen skulle kunna hjälpa mig. Hon åkte sedan även med mig till Göteborg för att träffa denna psykolog, och det väldigt många gånger. Det var ju något som hon absolut inte hade behövt göra, något som inte ingick i hennes arbete, så jag var (och är) förstås mycket tacksam för att hon ändå valde att tänja på gränserna och stöttade mig så här. Precis som jag är även vad gäller så mycket annat hon gjorde för mig genom åren.

"Hon lider mycket av att inte ha en egen historia utan att allt hon vet är konstruerat utifrån faktauppgifter som hon fått berättat för sig. Hon vill nu kunna möta sig själv och bygga något eget, men det finns alltför stora hinder för att hon ska klara detta. Hon söker dock intensivt på olika sätt vägar för att kunna komma vidare, vilket hon anser vara nödvändigt om hon ska ha en chans att överleva." (Psykolog)

"Patienten lider svårt av att inte ha något eget att kunna förankra sig i, inga egna minne av vare sig smått eller stort. Patienten mår fysiskt och psykiskt mycket dåligt och känner att krafterna sinar. Hon har just nu svåra mardrömmar på nätterna och sover därför mycket dåligt, sämre än vanligt." (Psykolog)

Vad jag har förstått var dessa besök till en början *mycket* stressande och ångestframkallande för mig, även om jag inte har något minne av att det var så. Men det kom tydligen att bli lättare med tiden eftersom jag sedan fortsatte att träffa denna psykolog. Tyvärr fortsatte fokus även här att först läggas på min uppväxt och att jag ju måste ha traumatiserats, så mina funderingar kring dissociation blev de kommande åren inte mindre. Tvärtom. Några minnen fick jag heller aldrig fatt, men trots detta kom även denna psykolog att betyda väldigt mycket för mig.

///

Jag fortsatte kämpa men började under 2006 bli alltmer stressad över att inte bli det minsta bättre, särskilt som jag nu hade kontakt med och tog upp så mycket tid hos flera olika vårdgivare: två psykologer, psyksköterska, distriktsläkare och arbetsterapeut. Och det att även min familj ifrågasatte och undrade vad jag egentligen höll på med inom psykiatrin gjorde inte saken bättre. Men det var förstås inte bara jag som kämpade, utan även mina behandlare gjorde sitt bästa för att både hjälpa och stötta mig.

"Hennes ångest och stressnivå är konstant på topp. Och den skräck hon har i förhållande till sig själv och till allt i omgivningen hon inte kan kontrollera och förutse gör det svårt intill omöjligt för henne att fungera flexibelt." (Psykolog)

"Patienten känner en press att åstadkomma en förändring när hon får så mycket behandlingsresurser." (Arbetsterapeut)

"Patienten känner att hon inte gör några framsteg, nedvärderar sig mycket runtomkring detta." (Psyksköterska)

"Även om vi inte kan se så mycket framsteg är min uppfattning att de kontakter hon har inom vården sammantaget är nödvändiga för henne. Och även om rädslorna i tillvaron är enorma så har hon ändå uppnått en viss trygghet med oss behandlare, där hon kan använda oss på olika sätt och ta upp sina teman med variationer." (Psykolog)

Utöver att jag var ständigt stressad av att försöka få ihop alla tider och åtaganden och försöka må bättre, blev jag nu även alltmer stressad av att känna att den diagnos som satts på mig verkligen inte stämde vidare bra. Jag hade nämligen börjat tillbringa mycket tid på en sajt på nätet för personer med just diagnosen borderline, och kände att jag inte riktigt passade in. Här höll jag tyvärr också på att i det närmaste bränna ut mig, eftersom jag kände ett stort behov av att hjälpa och stötta och har mycket svårt att värja mig när andra mår dåligt. Jag blev väl också rädd och ledsen när jag nu återigen förstod att psykiatrin nog ansåg mig vara en krävande och känslomässigt instabil person, något som vissa på sajten faktiskt kunde vara. En känsla som tidigare hade varit så påtaglig och plågsam för mig då jag låg inlagd andra gången.

"Inget nytt. Det är uppenbart att patienten är så pass stressad (rycker till kraftigt vid minsta knäpp i huset) att hon inte kan sila vare sig ljud eller mer sammansatta sociala budskap. Hon tycker sig vara tvungen att komma på något, men kan inte ta emot instruktionen att ta det lite vackert och söka sig återhämtningen för att sen kunna ta lite nya tag." (Psykolog)

"Patienten är svårt handikappad i sin personlighetsstörning med uttalade symtom på ångest, ätstörning (hetsätning), tvångsritualer, där hon pressar sig till det yttersta och följer inrutade dygnsmönster som går utöver de fysiska och psykiska krafter hon har och med inslag av alkoholmissbruk. Risken att patienten aktivt suiciderar bedöms i nuläget som liten då hon har ett ansvar för modern." (Psykolog)

"Med viss variation så handlar allt om att hon behöver försöka orka se allt som det är – hon har stor uppfinningsrikedom i att undgå detta. Medvetenheten är stor att det är så men skräcken, som hon beskriver som outhärdlig likväl som okänd, gör att hon inte klarar av det utan jagar vidare plus splittrar upp tillvaron i många delar, som fungerar oberoende av varandra och utan kontakt med hennes eget jag. Ensamheten, främlingskapet och skräcken dominerande." (Psykolog)

På denna sajt fick jag även kontakt med en kvinna som jag försökte bli vän med. Vi träffades tydligen två–tre gånger och hade nog även ganska mycket kontakt både på sajten och via chatt och sms. Men inte minns jag i dag vare sig henne eller vår kontakt. Tyvärr blev denna relation till slut alltför stressande för mig, med alla ständiga missförstånd och outsagda saker jag tydligen skulle förstå men förstås inte gjorde, så jag gav upp det hela. Ännu en misslyckad relation, med påföljande självförakt för att inte tyckas kunna fungera som en "normal" människa.

Men tack vare denna sajt och kontakten med kvinnan blev jag alltså än mer medveten om hur illa borderlinediagnosen stämde in på mig och mina svårigheter, vilket jag återigen tog upp med psykologen under 2007. Det är så fruktansvärt ledsamt att hon ändå valde att hålla fast vid den, och här kan jag faktiskt bli lite besviken på henne. Jag måste ju ha uttryckt hur illa jag for av den. Och det hade ju nu även varit tydligt i väldigt många år att jag, när vi utgick från den, inte alls kom vidare vad gällde att vare sig förstå mig själv eller hitta sätt att hantera många av mina svårigheter.

"Hon plågas också mycket av att inte ha minnen av sitt liv och att hon fortfarande suddar ut allt hon är med om, vilket gör att det inte heller idag byggs någon verklig inre referensram, utan hon lever i en ständig, skräckfylld beredskap att vad som helst kan hända. Hennes förhållningssätt inför sitt eget jag har nästan vanföreställningskaraktär och hon kan inte rå på den skräck hon känner inför sig själv. Det är i mycket liten utsträckning möjligt att via psykologisk behandling och stöd åstadkomma förändring. Det sitter som berget." (Psykolog)

"Patienten har ett stort psykiskt lidande med betydande tvångsritualer inklusive bulimi. Hon är mycket intensivt kämpande för att hitta sätt att hantera sitt liv samtidigt som hon också avvärjer mycket. Hon har flera vårdkontakter där hon på olika sätt arbetar med sina frågeställningar. Diagnostiskt kvarstår F60.3 Emotionellt instabil personlighetsstörning som samlingsbenämning, även om patienten i sina kontakter på nätet märker att hon inte är som de andra personerna där som lever ut tämligen ohämmat." (Psykolog)

/ / /

Under 2008 och 2009 fortsatte jag att mycket intensivt söka svar på varför jag har bland annat minnessvårigheter, och det då utifrån synsättet att jag nog dissocierar och att jag gör så på grund av vad jag varit med om i min uppväxt. Nu kämpade jag med detta även hos den privata psykolog jag åkte till Göteborg för att träffa. Jag läste nu väldigt många böcker i ämnet men även böcker som tog upp exempelvis anknytningsteorin, och jag kämpade verkligen hårt i försöken att både förstå mig själv och kunna få till någon förändring.

"Patienten har mycket funderingar kring dissociation och hon läser mycket om det. Tycker att det är mer massivt hos henne själv än som verkar vara fallet hos andra. Hon är skrämd över att aldrig kunna uppleva att hon talar utifrån sig själv utan alltid från något fack som hon lärt sig spela upp. Blir livrädd så fort hon närmar sig något som kan vara eget anspråk." (Psykolog)

Givetvis var det också ett fortsatt fokus på att mina rutiner och ritualer inte var bra för mig. Och självklart anklagade och föraktade jag då mig själv för att jag ändå var tvungen att hålla fast vid dem. Därför är det, enligt mig, ganska förståeligt att jag hade så svårt "att tolerera" mig själv och till och med var rädd för mig själv, som så ofta beskrivs i journalen att jag var.

Matmissbruket var givetvis inte alls bra för mig, men bortsett från det hade jag istället behövt ha hjälp och stöd med att både förstå varför och att jag faktiskt har ett behov av rutiner för att kunna hantera livet på bästa sätt. Om jag hade fått och förstått det är jag övertygad om att jag även hade haft lättare att både acceptera och tolerera mig själv. *Nu* föraktar jag istället mig själv för att jag då inte förstod eller stod upp för det bättre i kontakten med psykiatrin, men samtidigt var det ju faktiskt mer deras jobb att förstå än mitt.

> "Patienten lider av tvångshandlingar och tvångstankar, detta påverkar allt hon gör, allt från sömn till vardagliga aktiviteter." (Arbetsterapeut)

> "Patienten fortsätter arbeta med att kunna hantera sig själv, trots den känslomässiga avsaknad hon har av att uppfatta sig som en person och trots den plågsamma upplevelsen hon har av att inte minnas sitt liv. De vårdkontakter hon har är viktiga för henne och hon använder oss alla på sitt eget vis. Dock svårt att se några större framsteg, och hon lastar sig själv för det. Har nu sista tiden försökt att åtminstone på morgonen sköta frukosten bättre. När man hör patientens motvilliga konkreta beskrivning av hur hon försöker göra framstår det vilka enorma svårigheter hon har." (Psykolog)

> "Fortsatt arbete kring de problem patienten vill ha hjälp med men där det är mycket svårt att se att hon förändras. Hon tycker ändå att hon får till sig någon smula då och då som hjälper henne. Hon kan inte uppleva med alla sina sinnen och inte koppla erfarenhet och känsla, men när hon med sitt huvud förstår och även träffar på (i böcker bland annat) beskrivningar hon känner igen får hon något och känner sig då också mindre utanför." (Psykolog)

I början av 2009 avled den sjuksköterska jag tidigare haft kontakt med och som hade kommit att betyda väldigt mycket för mig. Jag råkade se hennes dödsannons i en tidning när jag väntade på att få träffa min arbetsterapeut. Jag kom då att må väldigt dåligt, men tyvärr inte på det sätt som jag skulle ha velat. Jag kände nämligen ingen sorg eftersom jag ju inte längre kunde minnas sjuksköterskan. Något som antagligen gjorde mig väldigt rädd och kanske även fick mig att fundera över om jag ändå inte var en ganska hemsk person.

Under våren fick jag sedan beskedet att min psykolog skulle sluta sitt arbete om några månader, vilket förstås blev något av en chock för mig, trots att jag antagligen redan hade förstått att det kanske var ganska nära förestående. Jag blev nu än mer ångestfylld och stressad vad gällde att försöka få till någon förändring, särskilt som jag så gärna hade velat visa henne att jag kunde bli frisk. Ja, det var ju faktiskt en av de största anledningarna till att jag överhuvudtaget hade orkat kämpa så många år som jag vid det här laget hade gjort. Jag kom de närmaste månaderna därför att pressa mig mycket mer för att åtminstone kunna visa upp *några* framsteg innan hon slutade. Jag tog också återigen upp funderingen om det ändå inte kunde handla om att jag faktiskt fungerar något annorlunda än de flesta andra människor, rent fysiologiskt.

"Patienten undrar om hon ändå inte kan ha något biologiskt fel som kan göra det omöjligt för henne att uppleva som andra gör. Hon har fastnat för uttrycket 'ur syn ur sinn'. Det är uppenbart att hon i mycket fungerar så även idag. Jag kan inte avgöra om det handlar om oförmåga eller om ett sen barnsben utvecklat mönster utifrån behov att överleva och en fallenhet för att isolera mycket kraftigt."
(Psykolog)

Denna psykolog, som verkligen var en helt fantastisk terapeut och människa, och som kom att bli en av de viktigaste och mest betydelsefulla personerna i mitt liv, kommer jag i dag förstås inte heller ihåg på det sätt jag så gärna skulle vilja göra. Och det trots att vi alltså kämpade tillsammans i över 13 års tid. Okej att det väl kan kvitta att jag inte kommer ihåg alla de jobbiga stunderna, men jag skulle så gärna vilja komma ihåg allt det som också var bra. Det som antagligen fick mig att känna att jag var betydelsefull och värd att kämpa både för och tillsammans med. Och jag skulle än mer vilja kunna komma ihåg om jag verkligen kunde föra fram hur mycket jag värdesatte hennes hjälp och om hon kunde ta det till sig. Men detta förbaskade minne tillåter mig tyvärr inte att göra det.

Nu blev jag även orolig över min behandling, om jag verkligen skulle få den hjälp och stöd jag behövde och hur den i så fall skulle komma att se ut. Jag trodde mig ju till exempel inte veta mina behov, eller i alla fall inte kunna uttrycka dem på "rätt" sätt, där hade jag istället förlitat mig mycket på min psykolog. Men det slogs i alla fall fast att jag dels skulle fortsätta att träffa den privata psykologen i Göteborg och min distriktsläkare, dels skulle ha kvar mina kontakter med psyksköterskan och arbetsterapeuten.

De sistnämnda visste förstås sedan tidigare hur bland annat psykologen såg på mina svårigheter, men det känns ledsamt att i journalen se att det nu slogs fast än hårdare vid deras sista gemensamma möte. För där står att de var "väl införstådda med djupet och omfattningen av de svårigheter" jag hade. Med andra ord fortsatt fokus på min personlighetsstörning.

///

Den tröstlösa kampen i sökandet efter svar fortsatte alltså. Jag gick till psykmottagningen här på hemmaplan, åkte till Skövde för samtal med distriktsläkaren, och åkte ner till Göteborg för att träffa psykologen där. Men jag blev inte bara alltmer sliten rent fysiskt, utan kände mig verkligen uppgiven och rent ut sagt värdelös som både människa och patient. Jag orkade ju inte ha det så här och självmordstankar hade jag väl därför mer eller mindre ständigt, även om jag förstås samtidigt gjorde allt för att hålla dem ifrån mig.

"Beskriver att hon plågas svårt av sina mardrömmar på nätterna. Vill inte leva så här längre men går upp och sätter igång med sina ritualer. Som vanligt mycket tankar kring hur har det kunnat bli så här och att hon borde ha vetat bättre när hon var liten. Och kan hon inte minnas en sak så finns den inte. Och eftersom hon inte har läst om någon annan med samma problematik så kan hon väl inte heller ha det." (Psyksköterska)

"Känner sig misslyckad då hon inte kämpar tillräckligt och får den förändring hon önskar, det vill säga att förstå mer varför hennes minnesfunktion är som den är och eventuellt kunna minnas saker." (Psyksköterska)

Men under 2010 kom tack och lov neurologi och neuropsykiatri upp på tapeten igen, då min psykolog tog upp funderingen på om det inte ändå kanske skulle kunna handla om någon form av autism eller annan neuropsykologisk åkomma. Då gav jag tydligen uttryck för en mycket stor lättnad, något jag inte har något minne av, men att hon sedan fortsatte att dela de här tankebanorna med mig var även det en lättnad och något jag kom att värdesätta mycket högt. Innan dess hade hon även funderat över om inte mina mycket livliga mardrömmar kanske skulle kunna handla om någon form av epilepsi, och jag fick därför genomgå en EEG-undersökning. Visserligen mådde jag så dåligt av de blinkande ljusen att undersökningen nästan fick avbrytas, men man kom i alla fall fram till att jag inte hade epilepsi.

"Patienten uppgiven och tycker att hon inte kommer någonstans i sina försök att förstå varför hennes minnesfunktion inte fungerar. Säger att om hon skulle sluta kämpa så vore livet meningslöst och i så fall vore alternativet självmord. Har funderingar kring autism, Asperger och även hennes psykolog i Göteborg har tagit upp denna tanke." (Psyksköterska)

När jag nu fick uppbackning av en psykolog släppte jag denna gång inte tanken på att det kanske faktiskt skulle kunna handla om någon form av autism. Och jag blev nu även medlem på en sajt på nätet där jag fick kontakt med personer med bland annat diagnosen Aspergers syndrom. Äntligen började jag känna igen mig i så mycket, och jag fick samtidigt en mycket större förståelse för hur olika våra svårigheter och våra sätt att ta oss an livet likväl kan se ut. Något jag verkligen hade behövt ha tillgång till många år tidigare! Visserligen var jag fortfarande väldigt uppgiven och trött på livet, men då tändes det ändå ett, om än så litet, ljus. Psykologen tog kontakt med psyksköterskan och till slut sattes bollen äntligen i rullning. Det skrevs en remiss för en NPF-utredning och denna inleddes sedan i november 2010.

"Känner det som att det inte är så stor mening med att kämpa på, att hon hela tiden misslyckas. Samtidigt som hon också kan tänka 'att om jag gör utredningen och då skulle få en diagnos inom autismspektrat, kanske jag kunde förstå att vissa saker jag gör kanske inte går att förändra utan bara är så'." (Psyksköterska)

NPF-utredning, somatik och Gillbergcentrum

Även om jag i dag inte minns utredningen är jag väl medveten om att den var *mycket* jobbig och plågsam för mig. Ja, jag var mer eller mindre skräckslagen redan innan den påbörjades och blev sedan än mer stressad men även uppgiven när den väl startade. När jag till exempel inledde med att berätta att jag kunde känna igen mig i de beskrivningar som finns i bland annat Gunilla Brattbergs och Gunilla Gerlands böcker, fick jag av neuropsykologen höra att han inte alls trodde att de har Aspergers syndrom. Något som väl fick mig att bli både ställd och uppgiven.

Sedan utfördes även testerna under minst sagt oacceptabla förhållanden, nämligen i en byggarbetsplatsmiljö. Det spikades och borrades; arbetare pratade och klampade omkring ute i korridoren; ljuset försvann ett par gånger; brandlarmet gick igång etcetera. Jag blev verkligen superstressad av allt detta, även om jag väl gjorde mitt yttersta i försöken att stänga ute alla störningsmoment. Och sedan var jag så dum att jag till och med lade skulden på mig själv, tänkte att jag väl ändå måste vara helt värdelös och misslyckad som människa när jag tydligen inte ens var värd en vettig NPF-utredning.

"Patienten ännu mer skräckslagen inför starten av den neuropsykiatriska utredningen på måndag. Snubblar på orden och säger fel ord i bland." (Psyksköterska)

"Malin kommer till fortsatt utredning. Hon har oroat sig för föregående testsession och eventuella missförstånd. Malin har ett tvångsmässigt pedantiskt förhållningssätt till hela utredningen. Ifyllande av skattningsskalor genomförs under stor vånda och noggrannhet." (Neuropsykolog)

"Fokus för dagens besök är patientens missnöje med neuropsykiatrisk utredning. Hon ställer sig starkt kritisk till att kartläggning och minnestest inte har utförts i lämplig miljö. Patienten anklagar sig själv för att inte vara värd en ordentlig utredning. Undrar vad hon själv har gjort för fel för att inte vara värd detta." (Arbetsterapeut)

Under utredningen blev jag alltså alltmer uppgiven och nedstämd. Det här var ju nämligen det sista halmstrået jag hade att hålla fast vid i mina försök att kanske äntligen få fatt en förklaring till mina svårigheter. Och så genomfördes den då så här, som jag anser, dåligt och nonchalant. Vad tröstlöst det måste ha känts att själv kämpa så när psykiatrin samtidigt inte alls tycktes vara med på noterna. Jag hade även hoppats på att neuropsykologen skulle prata med min psykolog eller psyksköterska, eller åtminstone läsa min journal lite mer noggrant, men inget av det gjorde han. Och när jag frågade honom om journalen fick jag till svar att han bara tagit del av de allra senaste årens anteckningar, skrivna av min förra psykolog. Det anser jag vara så dåligt att jag inte ens har ord för det.

§ § §

I april 2011 fick jag så beskedet att jag inte hade fått någon diagnos inom autismspektrumet, och som lekman kunde jag väl egentligen inte säga så mycket om det. Men nog hade (och har) jag ändå mina åsikter om några av "bevisen" som lades fram och kommentarerna om varför det måste vara så. Vad gäller de stora svårigheterna med just mitt självbiografiska minne fick jag till exempel höra att det snarare skulle tyda på att det då inte kan handla om någon form av autism, eftersom till exempel de med Aspergers syndrom oftast har ett extremt bra minne. Så kan det förstås vara, men jag finner ändå kommentaren något ologisk och tror inte heller att den helt stämmer. Särskilt inte efter att ha stött på flera personer med diagnosen Asperger som just har stora brister i sitt självbiografiska minne.

Vad jag fick var en ny personlighetsstörningsdiagnos, för några tecken på att jag skulle ha borderline fanns i alla fall inte att finna. Istället fick jag en av "blandtyp", där drag av både det ena och det andra – bland annat schizoida och autistiska drag och social fobi – blandades samman i en enda konstig mix. Inget som gjorde mig det minsta klokare och säkert inte heller psykiatrin. Att jag skulle ha social fobi motsatte jag mig till exempel direkt, men det fick jag inget gehör för. Jag ville även veta vad han menade med schizoida drag och vilka de var hos mig, men trots att jag tillsammans med psyksköterskan och arbetsterapeuten senare hade ett möte med honom fick jag ändå aldrig något svar på den frågan.

"Patienten är mycket upprörd och ledsen. Uttrycker en hopplöshet och känsla av att vara värdelös och inte vara trodd på. Självmordsrisken ökar i takt med patientens hopplöshetskänslor." (Arbetsterapeut)

"Vid dagens besök får patienten återkoppling på den neuropsykiatriska utredning som är gjord. Patienten har svårt att förlika sig med schizoida drag. Hon får det poängterat för sig att det är en liten del i utredningen, att det finns andra delar som bör läggas större vikt vid, framför allt att hon lider av bottenlös ångest, instabil självbild, gränsande mot utplåning, och att detta ses som hennes primära emotionella problematik. Någon rekommendation om vidare åtgärder kan inte ges och detta förklaras för patienten." (Arbetsterapeut)

Nu var jag verkligen helt uppgiven, för den "bottenlösa ångesten och instabila självbilden" hängde ju främst samman med att jag inte förstod varken mig själv eller psykiatrin, och inte heller tycktes kunna göra mig det minsta förstådd. Jag visste nu inte alls hur jag skulle ta mig vidare – eller om jag ens skulle orka göra det. Och samtidigt fick jag då i uppgift att fundera över och lägga fram hur jag tillsammans med mina behandlare ändå skulle göra just det. Hur vi skulle arbeta vidare och hur mina behov såg ut och vad psykmottagningen alltså skulle kunna tänkas göra för mig. Lite absurt, kan jag tycka, då jag dels hade fått en diagnos som inte sa mig något, dels hade behovet att arbeta mer utifrån funderingarna på autismspektrumet och mina minnessvårigheter. Alltså sådant som det på mottagningen inte fanns någon egentlig kunskap om. Nej, då hade jag tydligen istället fått vända mig till habiliteringen. Om jag hade fått en autismspektrumdiagnos, vill säga.

Vad gäller mina minnesproblem verkade neuropsykologen inte heller ta dem på så stort allvar, men rekommenderade i alla fall en CT-hjärna för att utesluta organiskt betingade orsaker. Vilket ju också det var absurt eftersom det givetvis inte går att se mindre avvikelser på en sådan röntgenundersökning. Men i vilket fall som helst fick jag därför sedan i november 2011 träffa en psykiater för att se om jag kunde få hjälp med en sådan remiss. Det är ett möte jag förstås inte längre har något minne av, men att jag mådde fruktansvärt dåligt av det kan jag ändå slå fast eftersom jag nu när jag läste journalanteckningen blev både skräckslagen och fysiskt illamående. Någon remiss fick jag inte, utan istället fick jag veta hur fel jag hade i mina funderingar och hur felaktigt jag tog mig an mina svårigheter.

"Vid dagens samtal framkommer att patienten har en förutbestämd föreställning som hon har svårt att tänka utanför. Hon har mycket låg självkänsla, bristande identitetskänsla. Dagens samtal motsäger inte diagnosen blandad, mycket tidig personlighetsstörning. Patienten verkar ha en anaklitisk depression, blandad ångestproblematik med tvångsmässighet i tankegångarna, som i och för sig kan föra tanken till autismspektrumstörning. Patienten är negativt inställd /.../ Jag relaterar bedömningssamtal och min uppfattning att patienten inte är motiverad för förändringsarbete. Patienten har märklig kroppsuppfattning och förefaller att ha stannat i ett regredierat tillstånd. Uppfattar alltså att patienten inte är tillgänglig för något annat än stöd på hemmaplan." (Överläkare)

Jag hade alltså stött på ännu en person som varken tycktes lyssna på eller förstå mig, eller ens verkade vilja *försöka* göra det. Då kan det väl kanske tyckas att det måste vara skönt att inte komma ihåg det, men det sätter som sagt ändå sina spår. Sådana möten, eller liknande situationer, är nämligen inte bara mycket plågsamma för mig, de för tyvärr även med sig att något inom mig då för var gång bryts ner alltmer. Något går sönder och där sipprar sedan orken och viljan att kämpa vidare, både med livet och sökandet efter de svar jag så väldigt gärna vill få fatt, sakta ut.

⁂

Jag fick rådet av psyksköterskan att tala med enhetschefen om hur jag hade upplevt mötet med överläkaren. Hur överkörd jag hade känt mig när jag istället för att få diskutera mina minnessvårigheter bara hade fått mig en lektion i hur fel jag hade i mina funderingar kring bland annat autismspektrumet. I februari 2012 gjorde jag alltså det och det bestämdes då att jag skulle få träffa en annan psykiater, vilket jag fick göra i april.

Jag tror inte att heller denna läkare tog mina minnessvårigheter på så stort allvar, och eftersom jag nu redan hade gjort en CT inom den somatiska sjukvården var det inte ens längre aktuellt med någon remiss. Jag fick dock rådet att försöka ta kontakt med något universitetssjukhus, där minnesforskning eventuellt bedrivs, och fick även veta att jag kunde försöka få en specialvårdsremiss för en second opinion avseende mina autismspektrumfunderingar. Men läkaren själv verkade som sagt inte speciellt engagerad vad gällde något av det.

Detta fokus på att jag hade en personlighetsstörning höll alltså i sig på mottagningen. När till exempel min kontakt med arbetsterapeuten upphörde 2012 står det i hennes slutanteckning att jag har "allvarlig psykiatrisk problematik med diagnos personlighetsstörning blandad typ". I ytterligare en anteckning från 2015, då jag tillfälligt träffade henne i samband med att jag då skulle få en ny psyksköterskekontakt, står att "patienten har en extremt svår problematik då hon bland annat har tvångsbeteende". Hösten 2015 fick jag även träffa en ny psykiater på mottagningen, men inte heller hon visade något egentligt intresse eller förståelse för mina funderingar kring autismspektrumet och minnessvårigheter. Nej, jag hade ju genomgått en NPF-utredning, där man testat mitt minne och även slagit fast att jag inte har någon form av autism utan en personlighetsstörning. Och när jag fick träffa ännu en psykiater i början av 2018 var det samma sak; hon fortsatte även hon att envist att hålla fast vid diagnosen personlighetsstörning. Och det trots att vi diskuterade min kontakt med Gillbergcentrum och vad vi där hade kommit fram till.

*⁄ *⁄ *⁄

Efter utredningen började jag inte bara bli alltmer uppgiven, utan då påbörjade även min somatiska hälsa sin resa neråt. En resa jag tyvärr fortfarande inte har sett något slut på. Dessa nya, somatiska besvär tog jag då förstås upp med min distriktsläkare, där de tyvärr inte föll i god jord. När jag blev allt sämre och samtidigt vägrade acceptera att det enbart var psykosomatiskt ansåg hon nämligen att hon inte kunde tillföra något mer. Att hon inte längre kunde vara den vårdkontakt för mig som hon hade varit under 20 år. Så då avslutades vår kontakt på ett minst sagt konstigt sätt.

Givetvis blev jag mycket ledsen och bad både om ursäkt för att jag hade varit till besvär och tackade för alla år vi hade träffats. Något jag tydligen inte fick någon vidare respons på. Denna läkare hade ju betytt väldigt mycket för mig, och jag hade verkligen alltid gjort mitt bästa i försöken att även visa det, så det är klart att detta avslut då kom som något av en chock för mig. Men i dag har jag ändå inte något egentligt minne av vare sig händelsen eller läkaren, bara en diffus vetskap.

Det lite lustiga med även denna händelse är det att både läkaren och psykiatrin ju under alla år tjatat på mig om att stå upp för mig själv. Sagt att jag behöver känna och ge uttryck för *mina egna* känslor och behov. Men när jag alltså sedan väl gjort just det då likt förbaskat många gånger istället sagt eller visat att det är fel av mig att göra det. Att det inte är välkommet. Sådant tal med kluven tunga kan verkligen få mig att bli helt snurrig i huvudet. Och inte heller har jag i dag några högre tankar om personer som talar på det sättet, får jag erkänna.

Efter detta har jag sedan fått byta vårdcentral flera gången men ändå inte fått någon egentlig hjälp eller stöd, även om remisser förstås skickats och jag även fått träffa diverse specialister. För bland annat kvarstår ett stort problem, nämligen det att det i min journal inte bara står att mina besvär med största sannolikhet är psykosomatiska, utan även att jag har en personlighetsstörning och är emotionellt instabil. Och med den texten i sin journal har man som patient tyvärr en högst begränsad chans att bli tagen på allvar i den somatiska sjukvården. Och då särskilt om man, som jag, även har svårt att med hjälp av kroppsspråk och tonläge visa hur dåligt man mår. Det är rent ut sagt bedrövligt, men inte desto mindre sant.

"Patienten beskriver en uppgivenhet över att inte bli lyssnad till och trodd på. Både avseende kontakt med psykiatrin men även inom somatiken."
(Psyksköterska)

"Patienten är ledsen och uppgiven över att hennes diagnos personlighetsstörning hänger med från journalen på vårdcentralen i Skövde, och att alla läkare läser detta och hela tiden tolkar hennes symptom som ångest. Känner sig maktlös, vet inte hur hon skall få någon att tro på vad hon säger." (Psyksköterska)

Ett sätt att komma ifrån sin journal något är att söka privat sjukvård. Och genom att göra just det har jag ändå fått viss hjälp, till exempel opererade jag min nacke 2014. En stor operation som jag väl därför borde ha åtminstone något minne av, men det har jag inte. Operationen gick bra, men efter den har jag tyvärr ändå fortsatt att försämras och alltså varit tvungen att fortsätta söka vård för mina somatiska besvär. Eftersom det handlar om nackbesvär och olika neurologiska symptom har min kamp främst handlat om att få till stånd ytterligare, grundligare undersökningar hos ortoped eller neurolog. Ja, utöver att överhuvudtaget bli trodd på då. Det är dock något som är lättare sagt än gjort, trots kraftiga besvär.

I mars 2017 blev jag till och med så yr och svag att jag föll ihop och bland annat bröt min nacke. Men inte ens det fick neurologen att anse det vara värt att undersöka mig igen. Jag fick då tillbringa två veckor på sjukhus och gå med fast nackkrage i tre månader samt få hjälp av hemtjänsten, men inte heller den tiden har jag något egentligt minne av. Dock vet jag att det hela då kändes väldigt tröstlöst – minst sagt. Men om man ändå ska försöka se något komiskt i eländet går det exempelvis i journalanteckningen från akuten, när jag då kom in med ambulans, att läsa att jag har en personlighetsstörning av blandtyp, emotionell instabilitet. Först därefter står det att jag har en sårskada i bakhuvudet, skadade tänder och näsa och en bruten nacke. Skrattretande absurt.

Kampen har alltså fortsatt, samtidigt som jag blivit alltmer uppgiven. Efter att i över två år ha stått i kö till ortopeden på Sahlgrenska fick jag så i början av 2018 äntligen en tid. Men efter nya röntgenundersökningar fick jag sedan i augusti tyvärr ändå beskedet att det inte var aktuellt med någon ny operation. Läkaren tog dock besvären på allvar och skrev därför en remiss till neurologen – men jag kan tyvärr inte säga att jag blev förvånad när den då återigen avslogs. Jag var därmed tvungen att söka privat sjukvård igen, denna gång en neurologklinik, där det direkt konstaterades att jag har dystoni i nackmuskulaturen. Botox och olika mediciner sattes därför in men tyvärr utan något vidare positivt resultat. Så mitt – och nu även neurologens – sökande efter förklaringar till dessa besvär, och vad som då eventuellt skulle kunna göras för att åtminstone lindra dem, fortsatte alltså. Och när han till sist kände att de egna idéerna sinat skrev han istället en remiss till Akademiska sjukhuset i Uppsala, dit jag ska få komma framöver.

✄ ✄ ✄

Trots att jag efter NPF-utredningen inte fick den hjälp och det stöd från psykiatrin som jag hade hoppats på var jag förstås ändå tvungen att på något sätt ta mig i kragen och orka kämpa vidare. Jag var tvungen att försöka få till stånd en second opinion av min utredning. Och tack och lov ansåg även min psykolog att det verkligen var befogat. Efter lite funderande och en del kontakter tog hon därför till sist kontakt med Christopher Gillberg, för att höra om han hade något klokt att säga om mina besvär och svårigheter. Och till min stora förvåning och glädje erbjöd han sig att träffa mig.

I juni 2013 möttes vi första gången, ett möte jag tyvärr inte minns, men i min journal skriver psyksköterskan att jag var mycket nöjd med det. Ett halvår senare träffade jag honom igen och fick då även snabbt möta Nouchine Hadjikhani. De hade visst båda blivit intresserade av min minnesproblematik. Det mötet mådde jag tydligen än bättre av och sedan dess har jag alltså haft kontakt med Gillbergcentrum.

"Patienten har sedan föregående besök varit hos Christopher Gillberg för fortsatt utredning. Ska fortsätta med minnesutredning efter sin diskbråcksoperation. Patienten har fått mycket positivt med sig från mötet och beskriver hur hon kände en varm känsla i magen. Jag har aldrig hört patienten beskriva detta förut."
(Psyksköterska)

De senaste åren har jag där fått genomgå flera tester och undersökningar – bland annat med ögonrörelsekamera, MEG-kameran vid KI, MRT av hjärnan och EEG – och har även haft många givande samtal med flera personer där och har så fortfarande. Särskilt kontakten med Nouchine har verkligen kommit att betyda väldigt mycket för mig. Och då inte endast på grund av allt jag har lärt mig och fortfarande lär mig genom den, utan även för att hon alltid har både stöd och pepp att erbjuda mig.

Genom dessa undersökningar och samtal har man kunnat konstatera att jag mycket riktigt tycks ha en nedsatt funktion vad gäller självbiografiskt minne. Men man har även kunnat se att jag bland annat har en överkänslighet för främst rörlig, visuell stimuli, och har även funnit andra mindre avvikelser i min hjärna. Christopher sa också ganska direkt att det hos mig inte handlar om en emotionellt instabil personlighetsstörning, utan snarare om ett autismspektrumtillstånd. Något jag blev väldigt lättad över – men samtidigt förstås ledsen för att det då behövt ta så oerhört lång tid att komma fram till den slutsatsen. När jag så några år senare till sist tog mod till mig och frågade om han kanske även skulle kunna sätta det på pränt, fick jag hösten 2018 ett intyg där det står att mina diagnoser borde vara autism och specifik minnesstörning och inte någon personlighetsstörning.

///

De senaste åren har jag alltså haft kontakt med personer – förutom Gillbergcentrum även privat via nätet – som förstått mina svårigheter bättre. Och jag har då på så sätt också själv fått en mycket större förståelse för dem. Något som förstås har varit och är otroligt värdefullt för mig! Äntligen har jag inte bara börjat förstå mig själv och mina svårigheter, utan har även kunnat börja acceptera alltmer. Jag är därför inte längre lika rädd för mig själv, vilket givetvis underlättar något otroligt i livet. Inte minst i kontakten med andra människor.

Men samtidigt får jag tyvärr skriva att livet på många plan ändå har fortsatt att vara väldigt jobbigt och plågsamt. Främst för att jag inte har blivit tagen på allvar inom somatiken, förstås. För ju sämre jag mår fysiskt, desto sämre mår jag även psykiskt. Jag orkar då exempelvis inte utföra många av de rutiner jag har behov av för att hålla min stress och ångest stången. Dessutom är det faktiskt något av psykisk tortyr att bli bemött på det sätt jag så ofta blir i kontakten med sjukvården, särskilt som jag redan har stora svårigheter vad gäller både att be om hjälp och stå upp för mig själv.

Med ökad kunskap om och förståelse för mig själv har även en annan insikt börjat växa sig allt starkare med åren, nämligen den över hur stora kunskapsbristerna inom psykiatrin både har varit och tyvärr fortfarande är. Och när man som patient då samtidigt står i en slags beroendeställning kan den insikten tyvärr ofta leda till en salig blandning av malande oro, rädsla och sorg. Ja, ibland till och med till svår ångest.

Själv har jag ju haft ett fortsatt behov av visst stöd och hjälp från psykiatrin – i form av samtalskontakt – både för att ha möjlighet att vädra tankar och funderingar och skapa mig vissa hållpunkter i livet. Yttre hållpunkter som, utöver egna rutiner, alltså inte bara förenklar för mig utan är helt nödvändiga för att jag ska kunna hantera livet på bästa sätt. Det skulle alltså både ha underlättat och varit väldigt skönt för mig om det på mottagningen hade funnits en större förståelse för svårigheter och behov liknande mina. Istället har jag de senaste åren själv fått försöka förklara och stå upp för den kunskap jag nu har, men sedan likt förbaskat behöva läsa i journalen att jag har en personlighetsstörning. Och att på detta sätt då liksom aldrig få känna mig riktigt sedd eller förstådd, ja, det är faktiskt mycket plågsamt. Särskilt som en inre röst samtidigt ständigt påpekar att jag minsann borde vara tacksam över att överhuvudtaget få komma till mottagningen.

Något som alltså också har börjat plåga mig alltmer är denna svåra konflikt inombords vad gäller att försöka hantera och balansera att de flesta under årens lopp ju bara har velat mig väl, och att jag kanske därför inte borde känna exempelvis den besvikelse eller frustration som ibland kan dyka upp. Och den stora skammen över att *jag själv* inte mycket tidigare förstod mina svårigheter, och de behov och känslor som alltså hänger samman med dem, plågar mig förstås också väldigt mycket. För att då inte tala om minnessvårigheterna i sig och den *mycket* stora rädsla och sorg de för med sig. Och här tänker jag då inte endast på svårigheterna vad gäller att få fatt i minnen från mitt förflutna, för även det att ha så svårt att skapa mig "framtidsminnen" är som sagt väldigt ångestframkallande och svårt att hantera.

"Har mycket tankar kring sig själv och hur hon är, fungerar och varför hon inte förstod saker och ting tidigare i sitt liv. Att hon då kanske kunde fått bättre hjälp, lärt sig mer för att kunna fungera bättre. Man märker patientens uppgivenhet i att hon känner sig allt sämre somatiskt och att hon inte får några svar. Känner att det bara pratas om hennes instabila personlighetsstörning." (Psyksköterska)

"Patienten har mycket tankar kring att ingen såg hur hon egentligen var när hon sökte inom psykiatrin, utan tog för givet att hon var på ett visst sätt på grund av att hon hade en mamma med psykisk sjukdom. Hur hon alltid har försökt att vara vården till lags och göra som de velat, även om det hela tiden blivit fel. Mycket tankar kring borderlinediagnosen som hon fick av [psykologen]." (Psyksköterska)

❧ ❧ ❧

Det är alltså ett mycket stort sorgearbete jag nu har framför mig, känner jag. Ett arbete jag tyvärr inte haft möjlighet att ta itu med ordentligt än, mycket på grund av att jag tvingas lägga så mycket energi på att kämpa i försöken att bli trodd på och få någon hjälp inom den somatiska vården. Men också på grund av att jag faktiskt inte fick till stånd en diagnosförändring i min psykiatrijournal förrän i april 2019. Nästan 28 år efter det att jag vände mig till psykiatrin med mina frågor, och nio år efter det att jag själv mer kraftfullt lade fram att det nog ändå är just autism och minnesproblematik det handlar om.

Viss besvikelse, ilska och frustration behöver förstås också hitta sina vägar ut, för nog finns det även en del av den varan. Och då behöver jag också försöka hitta sätt att lägga de känslorna mer där de hör hemma och inte enbart vända dem emot mig själv, som jag tyvärr än i dag så ofta gör.

Men den ständiga oron inför allt det jag inte förstår och rädslan är nog ändå det som plågar mig allra mest. Jag har exempelvis mycket svårt att förstå att det kunde bli som det blev och har därför de senaste åren kämpat med att försöka reda någon ordning i det hela. Och att jag är mycket rädd för sjukvården – numera både den psykiatriska och somatiska – ska jag inte sticka under stol med. För det är verkligen mycket skrämmande att till exempel veta att tolkningsföreträdet i stort sett alltid ligger hos dem och inte hos patienten. Att det är deras tolkningar som sedan i journalen blir till en sanning. Och det trots att kunskapen inom sjukvården ju har stora brister.

Trots det skulle jag dock även i fortsättningen behöva viss hjälp. Visst stöd för att orka fortsätta ta itu med all denna rädsla, sorg och besvikelse. Men framför allt tillgång till en kontakt där jag skulle ha möjlighet att ibland få ventilera och fundera över till exempel den ångest som så ofta uppstår på grund av mina olika svårigheter, men som alltså även skulle kunna bistå med hjälp vad gäller att hantera den minnesnedsättning jag har. En stadigvarande kontakt som både skulle kunna stötta och hjälpa mig att skapa lite struktur i livet. Frågan är bara om jag kommer att kunna få någon sådan hjälp framöver, och i så fall var.

Psykmottagningen har ju som sagt en minst sagt begränsad kunskap om autism och det psykiska illamående som kampen att försöka passa in i omgivningen kan föra med sig. För att inte tala om brist på kunskap om och förståelse för den smärta och de olika svårigheter minnesproblematik liknande min kan leda till. Dessutom hör jag nu efter autismdiagnosen egentligen inte ens längre hemma inom psykiatrin. Nej, jag hör visst snarare hemma inom habiliteringen, som har mer kunskap om vad en sådan diagnos innebär. Men där har man ju i sin tur – som jag förstått – inte lika mycket kunskap om psykisk ohälsa. Denna fyrkantiga uppdelning av patienter, som väl oftast behöver information och stöd om och inom båda dessa områden, anser i alla fall jag vara allt annat än optimal. Ja, risken att patienten då förr eller senare hamnar mellan stolarna lär väl på det sättet vara skyhög.

Och just hamnat mellan stolarna har jag alltså på sätt och vis gjort nu – eller kanske snarare *än mer* mellan stolarna, för jag har väl egentligen knappast suttit på rätt stol någon gång under alla dessa år. För efter diagnosen i april 2019 blev jag då nämligen remitterad till habiliteringen, dit jag fick komma på ett första bedömningssamtal efter ett par månader. Inget besked om eventuellt stöd kunde dock ges då, utan jag skulle få ett sådant längre fram. Jag visste alltså inte vad som skulle komma att hända framöver, utöver att jag åtminstone skulle få behålla min samtalskontakt inom psykiatrin tills dess att habiliteringen beslutat om de skulle kunna erbjuda mig någon hjälp eller inte.

Det är ju inte mycket stöd jag efterfrågar, så själv tycker jag faktiskt att det borde gå att erbjuda någonstans – även om jag förstås allra helst skulle vilja slippa ha behovet överhuvudtaget. Men nu visste jag alltså inte om habiliteringen skulle kunna erbjuda mig något, eller om kanske psykiatrin möjligtvis skulle kunna ändra sin syn på patienter med behov liknande mina – eller om det istället skulle bli så att jag inte längre skulle få någon hjälp alls. Här lades därmed ytterligare oro och rädsla till min redan ganska digra samling. Men även sorg över att detta sökande efter kunskap och stöd då tycktes behöva fortgå ännu ett tag, särskilt som den fysiska orken också var på upphällningen.

Först i januari 2020 fick jag sedan komma till habiliteringen för ett andra, utvidgat bedömningssamtal, denna gång hos en psykolog, eftersom mina svårigheter ”framstår som komplexa”. Givetvis kände jag en stor oro inför det mötet, både på grund av den ovisshet varje nytt möte med en vårdgivare innebär och risken att väl där bara få beskedet om att ingen hjälp skulle kunna ges. Men trots mina farhågor försökte jag verkligen hålla fast vid ett, om än så litet, hopp om att ändå erbjudas någon form av stöd. Så blev det dock inte, utan istället fick jag beskedet att enbart stödjande kontakter inte ingår i habiliteringens uppdrag, eller ens några kontakter alls när man som jag saknar ”egentlig problembeskrivning, mål eller tänkbar slutpunkt". Mitt mål, att försöka orka kämpa vidare med livet trots mina olika svårigheter, var alltså inte ett mål som tycktes ha något som helst värde här. Inte så lite konstigt, kan jag tycka, att habiliteringen inte kan erbjuda mer stadigvarande stöd, för det om något borde väl ingå i deras uppdrag.

Utöver att de då saknar kunskap ingår inte heller längre stödkontakt i psykiatrins uppdrag, så inte heller där finns egentligen någon hjälp att erbjuda mig, även om jag som sagt ändå har fått behålla min samtals-kontakt hitintills. Men vad som nu kommer att hända framöver vet jag alltså inte, och det skrämmer mig verkligen. Ja, inte bara det, utan det är snarare en salig blandning av flera jobbiga känslor som far omkring inom mig. Känslor som dessutom kan vara ganska motstridiga: Skam över att ens behöva någon form av stöd – men samtidigt en längtan efter någon som kan se och förstå mina svårigheter. Sorg, besvikelse och frustration över att inte finna denna någon – och samtidigt stän-digt dåligt samvete och känslan av att vara otacksam och bara till besvär när jag ju ändå (än så länge) har tillgång till en samtalskontakt. Och så förstås sorgen över att vara som jag är, över att ha de svårigheter jag har – samtidigt som jag ibland även kan förakta mig själv för dem.

❦❦❦

Även fast jag här skriver att jag sörjer minns jag alltså inte alla dessa år inom psykiatrin, och det trots att jag till och med låg inlagd flera gång-er. Sorgen jag känner är väl kanske därför mer utifrån ett tredjeper-sonsperspektiv, även om den är fruktansvärt stark ändå. Men en del andra känslominnen har i alla fall skapats eftersom mycket av det som

173

utspelade sig under dessa år tyvärr var traumatiskt för mig. Jag mår alltså mycket dåligt av många situationer och tonlägen som just har med psykiatrin och deras åsikter att göra, eller som på något sätt påminner om det. Dessutom lägger jag då ofta en mycket stor del av skulden på mig själv, eftersom känslan av att vara misslyckad och ha fel, ja, rent av *vara* fel, tyvärr fortfarande sitter väldigt djupt rotad i mig. Och riktigt plågsamma mardrömmar kring allt detta tampas jag som sagt också med ibland.

❦ ❦ ❦

En annan stor sorg uppstod i april 2018, då mamma hastigt avled. En händelse som även den fört med sig vissa mardrömmar. Jag har nämligen anklagat mig själv för att jag inte hade bättre koll på sjukvården och det att de inte var tillräckligt uppmärksamma på hennes olika symptom. Med tanke på mammas sjukdomshistorik borde jag ju ha förstått att hon hade lungemboli och alltså hade behövt bättre vård. Men det gjorde jag tyvärr inte.

Ett par, tre veckor tidigare hade hon fallit i sin lägenhet och slagit i huvudet så illa att det uppstått en blödning under skallbenet (ett hematom). Jag fick därför tillkalla ambulans, och på sjukhuset blev mamma sedan kvar i tio dagar innan hon blev förflyttad till ett korttidsboende för ytterligare rehabilitering. Själv åkte jag i det närmaste skytteltrafik till henne eftersom jag inte ville att hon skulle behöva känna sig ensam. Jag funderade förstås även intensivt på hur det skulle bli när hon kom hem, exempelvis hur mycket hjälp hon skulle behöva utöver mig, och hur det skulle gå.

174

Sjukhuset hade givetvis satt ut hennes blodförtunnande medicin – som hon stod på just på grund av tidigare lungembolier – för att blödningen inte skulle förvärras. Därför borde jag haft detta i åtanke när hon försämrades. För stadigt försämrades gjorde hon. Hon fick därför åka tillbaka till sjukhuset där man konstaterade att hematomet återigen hade fyllts på något, men även att hon hade ett förhöjt CRP och att förflyttning till annat sjukhus för operation därför inte kunde göras innan det sänkts.

Nu började både jag och min bror bli mycket oroliga för henne, men även frustrerade över både behandlingen av mamma och den dåliga informationen till oss. Mamma blev bara allt sämre men inget hände. Till slut fick vi ändå träffa en läkare som mer handfast tog tag i det hela och då konstaterades att mamma hade en utbredd lungemboli. Inte heller vården hade hållit uppsikt över hennes lungor. Detta var något som sedan fick min bror och mig att anmäla sjukvården till Patientnämnden och IVO, som också kom att kritisera sjukhuset.

Mamma var nu så dålig att hon fick föras över till IVA, och jag och min bror vakade vid hennes sida. På grund av cirkulationssvikt slogs sedan inre organ ut och dagen efter flytten orkade till sist inte hennes hjärta kämpa mer. Hon avled då med hela familjen samlad omkring sig eftersom även min svägerska hade kommit in tillsammans med mina två brorsbarn.

Efter detta fylldes jag inte bara av sorg över mammas död, utan även av sorg och rädsla över att jag nu antagligen skulle börja glömma henne och den sista tid vi hade tillsammans. Och mycket riktigt kom jag också att göra det. Det jag skriver här kommer jag alltså inte längre ihåg, och det trots att hela den här tiden var minst sagt känslosam.

Bara en vecka efter mammas död blev jag själv sänd till akuten för undersökning, för att utesluta att även jag gick omkring med lungemboli. Jag fick då ligga på samma plats som mamma hade gjort vid andra intaget och fick sedan på min väg till röntgen även gå förbi både KAVA och IVA, där mamma alltså också hade legat. Men mitt minne hade redan då börjat blekna; jag kunde i alla fall inte längre föreställa mig hur det hade varit.

När jag på min väg hem efter undersökningen åter gick förbi IVA stannade jag till och grät utanför dörren. Både på grund av sorgen över mamma och över att jag inte för mitt liv kunde föreställa mig scenen som utspelats där innanför dörren bara en vecka tidigare. Visst hade den varit fruktansvärd plågsam och sorglig, men också så fin, när vi alla var samlade för att ta farväl av mamma. Det är alltså en händelse jag så gärna skulle vilja kunna bära med mig som ett självbiografiskt minne. Men det kan jag inte. Istället får jag nu hålla fast vid denna berättelse med näbbar och klor. En berättelse jag inte bara har skrivit ner på flera ställen utan också återberättat flera gånger. Allt för att verkligen kunna hålla ordentligt fast vid den. Berättelser är nämligen allt jag har, och återberättar jag dem inte bleknar även de. Då är det väl inte så konstigt att jag "ältar" vissa saker?

Mammas död har också inneburit att min ångest och rädsla nu återigen har ökat. Dels på grund av brutna rutiner, dels på grund av att möjligheten att fråga henne om olika saker har tagits ifrån mig. Jag har nu inte längre någon att vända mig till för att få minnen från min uppväxt och min familjehistoria uppdaterade, även om min bror förstås sitter inne med en del svar. Men allra mest skrämmande och sorgligt är det förstås att inte längre kunna minnas henne ordentligt. Att inte kunna föreställa mig henne och vårt liv tillsammans. Det inger en känsla jag med ord inte kan beskriva. Men den är verkligen vidrig!

✒ ✒ ✒

Det där blev verkligen en riktigt lång svada över mitt liv och min kontakt med psykiatrin. Som jag har lyckats beskriva främst tack vare att jag har tillgång till min journal. En journal med till synes väldigt utförliga beskrivningar av hur jag mått och vad jag har varit med om, både inom vården och på hemmaplan. Men jag har utöver den tack och lov även tillgång till en del egna anteckningar – både på papper och på nätet – som jag här har kunnat ta hjälp av.

Hade jag varit tvungen att förlita mig på mitt minne skulle nämligen allt detta istället kunnat sammanfattas på bara några få rader. För jag har faktiskt inte tillgång till några egentliga självbiografiska minnen, i alla fall inga, om vi bortser från bristfälliga flashbacks och diffusa mardrömmar, som kan levandegöras inom mig. Jag bär bara med mig en torftig och diffus vetskap om hur mitt liv *i det stora hela* har sett ut: Vad jag har varit med om; vad jag har tagit mig för; vad jag antagligen har känt i vissa situationer; och en vetskap om åtminstone några av alla de personer jag har träffat.

177

Precis som jag skrev tidigare balanserar verkligen hela mitt liv på ett fåtal faktastolpar utplacerad lite här och var. Och att försöka ta sig fram med enbart deras hjälp kan därför ofta vara som att gå balansgång på slak lina. Något som kan vara både oerhört energikrävande och mycket stressande. Ja, ibland så plågsamt att orken faktiskt nästan helt tar slut.

Eller för att beskriva det med en dikt av Åsa Jinder:

"Eggen jag balanser på är skarp och smal. Det är omöjligt att beräkna stegens längd kontra risken att förlora balansen. Önskar nästan jag kunde få falla."

Del III

Att hantera livet utan självbiografiskt minne

"I've a grand memory for forgetting."

Robert Louis Stevenson

För att då istället gå över till att försöka beskriva hur mina minnessvårigheter påverkar mig, som jag i alla fall tror, i min vardag med hjälp av de tidigare exemplen på varför vårt minne är så viktigt för oss.

För det första ska minnen alltså vara oss till hjälp både i nuet och för att vi ska kunna göra oss en föreställning om framtiden. Som jag redan skrivit har jag mycket svårt att föreställa mig den. Ja, svårt att föreställa mig något överhuvudtaget. (Men här spelar förstås även min afantasi[2] in) Så när jag stannar upp och försöker närma mig ens tanken på den kan det därför kännas som ett stort, svart hål, en avgrund öppnar sig framför mina fötter. Till och med ett vardagligt, mer lättsamt samtal om framtiden – utan medvetet försök att måla upp en mer tydlig bild – kan faktiskt väcka oro inom mig. Inte så konstigt väl att jag då mått extra dåligt när jag genom åren dessutom fått känna av psykiatrins frustration över mina svårigheter att blicka framåt och min brist på framtidsplaner?

---

2. Se mer information om tillståndet i "Några avslutande ord".

Eftersom detta svarta hål är så fruktansvärt skrämmande och ångest-framkallande försöker jag förstås undvika det på olika sätt. Då är bland annat rutiner väldigt bra att hålla fast vid, både som distraktion och som något som kan leda mig framåt åtminstone en bit på vägen. Och det trots att de då många gånger även kan få mig att känna mig så fastlåst.

Rutiner och vanor är som vi tidigare slagit fast implicita minnen, som vi alltså nöter in genom att göra dem om och om igen. Och när de väl är inlärda sitter de sedan också ofta fast som berget och är svåra att ändra på. Allt nytt vi lär in filtreras nämligen först genom de erfaren-heter vi redan har tillgång till, och det som är alltför okänt sållas därför ofta bort. Vilket i sin tur ju innebär att förändringar av rutiner och vanor kan bli svåra att få till, i alla fall om förändringarna är alltför stora. Vi håller helt enkelt gärna fast vid det vi är vana vid och det vi känner oss trygga med, och så är det förstås även för mig.

Rutinerna gör även att jag trots allt har ett slags självbiografiskt minne att hålla fast vid, om än så kort, tråkigt och torftigt. Jag har då tillgång till kunskap om vad jag gjorde förra veckan och vet vad jag med största sannolikhet kommer att göra den kommande. Lyfter jag blicken och försöker se längre fram (eller bak) än så stöter jag alltså istället ofta på patrull i form av rädsla och svår ångest.

Som jag redan har skrivit har jag av främst psykiatrin genom åren fått höra att jag har ett för stort kontrollbehov och är alltför rutinbunden. Att jag är i det närmaste tvångsmässig och att det inte är bra för mig, utan att jag både skulle må bättre och få ett drägligare liv om jag bara kunde hitta något sätt att försöka bryta många av dessa rutiner.

Vad gäller de vanor och rutiner som varit direkt ohälsosamma för mig har förstås dessa åsikter varit helt riktiga. Och utöver det har jag ju faktiskt även *själv* haft, och har till viss del fortfarande, en önskan om att kunna bryta även många av mina andra rutiner. En önskan om att kunna vara mer flexibel och fungera mer som den "normala" människa jag ofta skulle vilja vara. Men även om dessa åsikter och råd då förstås oftast har getts i all välmening har de tyvärr ändå ofta kommit att göra ont värre. Jag har nämligen känt mig så oerhört misslyckad och värdelös när jag då inte klarat av att få till en förändring, eller åtminstone mått något bättre av att försöka.

Efter att ha försökt bryta vissa av mina rutiner kan jag nämligen bara konstatera att det inte per automatik innebär att jag får ett drägligare liv. Nej, jag kan snarare riskera att bara bli stående rakt upp och ner kämpandes med ångest, eftersom jag då ofta inte vet vare sig vad jag ska ta mig till eller vart jag ska ta vägen. Som jag skrev tidigare jämförs nya erfarenheter med de vi redan bär med oss, och det är det vi känner igen eller åtminstone har förståelse för vi lättare tar till oss, vilket alltså medför att det kan vara så svårt att förändra vanor. Om man då som jag saknar så många minnen av tidigare erfarenheter kan det nog kanske leda till att det blir än svårare att bryta redan invanda rutiner. För mig känns det så i alla fall. För att bara försöka mig på något nytt jag kanske inte kan, eller åtminstone har mycket svårt att, göra mig en föreställning om är inte precis så "bara".

Just detta att jag inte *minns* så många av de saker jag gjort förut, kan föra med sig att jag känner en stor oro och stress även när jag ska göra sådant jag faktiskt *vet* att jag gjort någon gång tidigare. Det kan alltså kännas som att jag återigen gör det för allra första gången. Så även om jag ofta känner mig både misslyckad och feg håller jag mig därför ändå oftast fast vid de rutiner jag nu har.

När jag har gjort något *flera* gånger förut går det förstås lättare eftersom jag då förhoppningsvis inte bara har lyckats skapa mig ett implicit minne, utan även lyckats sätta ord på det hela och alltså skapat mig åtminstone ett "semantiskt episodiskt" minne. Men oron och stressen är förstås något jag ändå får dras med i de flesta situationer, eftersom livet i allmänhet och människor i synnerhet ju tyvärr oftast är ganska oförutsägbara.

När jag ska göra något för första gången, eller *som om,* brukar jag därför även då försöka ligga steget före mig själv. Jag brukar ge mig ut på en rekognoseringstur – bokstavlig eller mental – och försöker på så sätt att rent intellektuellt skissa upp hur det hela troligtvis kommer att gå till. Men jag fyller även på med hur flera andra *eventuella* scenarier skulle kunna tänkas se ut, för att förhoppningsvis komma fram till hur jag bäst bör bete mig och vad jag bör göra för att kunna ta itu med situationen när den sedan väl kommer. Det här gäller förstås för alla situationer, stora som små, men jag kan väl i alla fall ge ett par exempel som jag nu kom att tänka på.

Om jag till exempel ska på ett möte i en lokal eller på en plats där jag inte har varit förut brukar jag ofta ta mig dit några dagar innan – eventuellt med hjälp av en papperskarta – för att i lugn och ro se hur det ser ut och hur jag bäst tar mig dit. På så sätt kommer min stress åtminstone vara på en något lägre nivå när så mötet väl ska gå av stapeln eftersom jag då kommer att känna igen platsen. Och jag har exempelvis flugit några gånger men har ändå inte något som helst minne av att ha gjort det. Jag vet därför inte hur det hela går till och inte heller hur vare sig en flygplats eller ett flygplan ser ut. Om jag skulle ut och resa i morgon skulle jag därför troligtvis befinna mig i ett närmast panikartat stresstillstånd nu – om jag då inte åtminstone hade rekognoserat genom att till exempel söka information och filmer på nätet.

Det finns i en av Barbara Voors böcker en mening som verkligen beskriver min inställning och hur jag försöker hantera sådana här situationer helt klockrent:

"Tycker inte om oväntade situationer så jag löser dem på förhand."

/ / /

En annan situation där mitt bristfälliga självbiografiska minne verkligen ligger mig i fatet är när jag ska lämna anamnes i sjukvården, för läkarna vill ju gärna veta hur jag har mått tidigare – när besvären började och hur de sedan har utvecklats etcetera – när jag söker vård för någon krämpa. Att då svara att jag inte har den blekaste aning är ju inte vidare bra för vare sig läkaren eller mig själv.

För att underlätta för mig själv läser jag därför numera mina journaler, för då har jag åtminstone tillgång till flera av de uppgifter jag troligen behöver lämna. Men fortfarande återstår oftast ändå ett mycket stort problem, nämligen det att redogöra för hur jag har mått tidigare. Jag kan ju bara känna hur jag mår här och nu och kan därför ofta ha svårt inte bara att minnas hur det har varit förut, även om jag åtminstone har en vetskap om att jag då verkligen mådde mycket bättre, utan även att göra mig en föreställning om hur det vore att må bra.

✐✐✐

Det självbiografiska minnet ska ju också hjälpa oss att göra oss en bild av vilka vi är och hur vi passar in i vår omgivning. Och även skapa känslan av ett "jag". Jag skrev tidigare att jag ofta känner mig som ett rö för vinden, och så är det. För jag har faktiskt svårt att känna hur jag egentligen passar in i världen. Okej att jag har och har haft min givna plats i min familj, och då framför allt som dottern som försökt stödja och hjälpa sin mor, men utöver det? Vem är jag, vad gör jag egentligen här och vart är jag på väg? Stannar jag upp och funderar över det, vilket jag alltså helst undviker, drabbas jag av en sådan stor overklighetskänsla. Ja, den är i det närmaste svindlande. För att då inte tala om skrämmande.

Om jag nu inte kan minnas att jag levt i 55 år, har jag då verkligen gjort det? Och om jag inte kan föreställa mig själv i en kommande framtid, är jag då på väg mot någon sådan och hur ser den i så fall ut? Ja, det att mitt minne, eller snarare vetskap, är så fruktansvärt diffust

186

och torftigt för faktiskt med sig att jag ofta frågar mig om den livshistoria jag håller mig fast vid överhuvudtaget är sann.

Detta att jag liksom befinner mig i ett ständigt "nu" innebär också att jag har lite svårt med tidsuppfattningen, vilket exempelvis leder till att jag inte riktigt känner och förstår att jag åldras. Det att jag har tillgång till information – andras berättelser, fotografier, olika dokument och anteckningar – gör förstås att jag rent intellektuellt förstår att jag både har levt och blir äldre. Men det är ändå något som saknas, och det är väl den där genklangen i kroppen. Och då menar jag inte den som talar om för mig att jag blir allt stelare och skröpligare. Jag har därför mycket svårt att avgöra min ålder, och det ger faktiskt en väldigt obehaglig overklighets- och tomhetskänsla. En känsla som tyvärr inte verkar låta sig påverkas det minsta, trots att jag verkligen kämpar med att försöka lägga på minnet både det jag upplever nu och sådant jag tidigare har varit med om.

Jag återupprepar ständigt sådant jag fått reda på genom andras berättelser, eller tagit del av i exempelvis olika dokument, anteckningar och fotografier. Och jag går också tillbaka till denna information när jag känner att mitt (semantiska) minne börjar svikta. Jag försöker naturligtvis även samla på mig olika fakta överhuvudtaget vad gäller hur det förflutna i det stora hela har sett ut, och detsamma gäller förstås för nutiden, för att på så sätt kunna bygga upp trovärdiga scenarier över mitt liv. Och här är både stort som smått viktigt. Något som till exempel kan hjälpa mig här är alla de böcker jag plöjt och plöjer mig igenom. Men filmer kan förstås också vara till mycket stor nytta och så även människors muntliga berättelser.

När jag ibland ändå ställs inför frågor jag saknar svar på, eller hamnar i situationer som får mig att förstå att jag gör det, börjar jag genast söka efter svaren. Och när eller om jag finner dessa läggs de då i min faktabank, där jag sedan förhoppningsvis har tillgång till dem när jag till exempel återigen hamnar i liknande situationer. Något jag här har lagt märke till är att det är mycket effektivare att läsa eller tänka högt när jag verkligen vill försöka memorera något, så att sätta ord på saker men även smaka på orden tycks alltså vara viktigt för mig. Då är det kanske inte så konstigt att jag så ofta pratar för mig själv?

# # #

När det kommer till att göra mig en bild av andra människor, och än mer att få till ett fungerande samspel med dem, är väl inte just bristerna i mitt minne det största problemet. Men de svårigheterna underlättar ju inte precis heller för mig. Nej, tvärtom. Jag kan ofta känna mig både lite rädd och stressad i möten med andra, eftersom jag vet att det förr eller senare förväntas av mig att dela med mig av mina erfarenheter och minnen. Och särskilt gäller det här förstås i närmare relationer. Jag är alltså inte rädd för *människor,* utan snarare för mig själv och de svårigheter jag har. Den här ständiga anspänningen och de plågsamma känslorna av att inte minnas gör att jag kan bli ganska skygg, eller i alla fall säkert kan uppfattas som ganska distanserad.

Annars kan jag nog åtminstone utåt sett tyckas ha ganska lätt för mig i kontakten med andra. Men det beror nog framför allt på att jag har så många väl inrepeterade manus – för hur jag bör bete mig och vad jag bör säga etcetera – att hålla mig till i olika situationer. Ja, många av dem är nog inte ens enbart semantiska minnen längre, som jag alltså mer aktivt behöver plocka fram, utan har faktiskt till och med blivit till väl inrutade vanor. Alltså blivit implicita minnen som mer har satt sig i kroppen. Jag kan därför i många situationer ha tillgång till den där magkänslan som kan leda mig rätt, eller i alla fall så pass rätt att jag inte trampar alltför mycket i klaveret.

Även det att jag är väldigt intresserad av människor och av vad de har att berätta – ja, jag är faktiskt en ganska god lyssnare, som dessutom försöker lägga på minnet vad andra delar med sig – gör nog att jag kan vara ganska lätt att ha att göra med. Ja, kanske till och med att tycka om. Jag kan ibland få den känslan i alla fall.

Något som också underlättar för mig i möten är att andra människor ofta tar för givet att andra fungerar på liknande sätt som de själva gör. Därför räcker det ofta med att jag inte begår några drastiska misstag. Dessutom tycks faktiskt de flesta människor tycka om att både prata om sig själva och leda samtalet i stort, så i många situationer kan jag därför bara vara tyst, nicka instämmande, eller i alla fall inte säga emot.

Många gånger kan jag förstås även använda mig av just den information som avslöjas i samtalet och på så sätt få tillgång till ett ämne jag själv kan spinna vidare på. Men även då kan tyvärr min minnesproblematik och min oro för att fara med osanning ställa till det. För när jag då spinner vidare och kanske till och med ger mig på att försöka dela med mig av något eget minne, kan jag bli så fruktansvärt osäker på om det någonsin har hänt. Det kan tyvärr föra med sig att jag då ibland uttrycker mig otydligt och osäkert under samtalet, men kanske än mer otydligt eller till och med något förändrat nästa gång vi ses. Och då kan nog den andre undra vad jag egentligen håller på med och om jag överhuvudtaget talar sanning.

Det jag annars framför allt har lärt mig under livets gång, och dessutom blivit ganska bra på, är att hjälpa andra människor. Så när något sådant behövs och tacksamt tas emot kan det flyta på tämligen bra i kontakten med andra, även om risken att bli utnyttjad då förstås också finns där. Det är alltså främst när det kommer till att istället försöka möta andra på mer lika villkor, när det vill till ett mer aktivt utbyte av erfarenheter, åsikter, känslor etcetera, som det kan gå, och ofta gör, helt fel. Ja, jag har ju verkligen misslyckats kapitalt några gånger under årens lopp. Där har jag helt enkelt inga riktigt bra rutiner och manualer att gå efter, utan där förväntas jag nog istället att gå på känn. Något jag alltså ofta tycks ha svårt att göra.

Jag tror som sagt verkligen inte att just minnessvårigheterna är huvudproblemet här, men tillsammans med mina övriga svårigheter kan de nog faktiskt ändå ha viss del även i mina misslyckanden på vän- och kompisfronten.

///

Vårt självbiografiska minne skulle ju också kunna vara oss till stöd och hjälp i livets nedgångar, men som jag redan skrivit tycks inte det fungera vidare bra för mig. Jag har ju tyvärr svårigheter när det kommer till att verkligen *minnas* personer som betytt och betyder mycket för mig, och detsamma gäller för tidigare positiva erfarenheter. Alltså sådant som annars kanske skulle kunna muntra upp mig i svåra stunder.

Något som då istället har varit och är väldigt positivt för mig, och jag många gånger kan hålla fast vid när livet är jobbigt, är min kärlek till böcker. De har verkligen hjälpt mig på många sätt genom åren. För utöver att trösta, underhålla och roa mig har de även lärt (och lär) mig hur många saker fungerar, men även hur vi människor tycks göra det i många olika situationer. De har även varit till mycket stor hjälp när det kommer till att lära känna mig själv, genom att både lära mig att bättre förstå vad jag troligen känner och sätta ord på många av de där känslorna. Men likväl sätter tyvärr mitt minne även här en del käppar i hjulet för mig, eftersom jag till exempel inte kan göra mig föreställningar om hur olika karaktärer i böcker ser ut, eller hur landskap och byggnader gör det etcetera.

❧❧❧

Att inte ha tillgång till sitt självbiografiska minne är som synes inte vidare roligt. Nej, det är verkligen inget jag önskar någon annan att få uppleva och skulle förstås även själv vilja slippa göra det. Men även om både skräcken och skammen är enorma är kanske ändå sorgen inte så stor som den skulle kunnat och väl borde vara, eftersom jag ju egentligen inte vet hur det känns att ha ett välfungerande minne. Det man en gång haft och sedan förlorat borde väl rimligtvis saknas och sörjas än mer, menar jag, eftersom man då har något att jämföra med?

Men även om min sorg kanske därför till stora delar är mer intellektuell sörjer jag likväl, för jag skulle verkligen så gärna vilja ha tillgång till ett

191

självbiografiskt minne. För inte nog med att det är skrämmande, skamligt och sorgligt att sakna, det skapar även en sådan ensamhet. Ja, att ha svårigheter i kontakten med andra människor och sedan inte ens ha ordentlig tillgång till sig själv, att liksom känna sig som en främling inför sig själv, kan väl nästan sägas vara den största ensamheten?

Nicole Krauss beskriver i en av sina böcker en man, Samson, som förlorat sitt självbiografiska minne på grund av en hjärntumör, men som trots sin förlust först ser på det som en sorts frihet, en möjlighet att omdefiniera sig själv och hela sin tillvaro. Sedan får han ändå möjligheten att delta i ett medicinskt experiment som kanske skulle kunna ge honom minnet åter och får då inpräntat ett mycket starkt självbiografiskt minne upplevt av en annan man:

"Han hörde hur Donald sa någonting annat, men det spelade inte längre någon roll vad det var, för just då slog det honom att den tomhet som han hade levt med hela den här tiden kanske egentligen inte alls hade varit någon tomhet, utan ensamhet som han bara inte känt igen. Hur kan en hjärna veta hur ensam den är, förrän den träffar på en annan hjärna? Ett enda intryck hade gjorts, en annan människas minne hade präntats in i hans hjärna och nu kunde inte Samson längre bortse från hur enormt stor hans egen förlust var. Det tog andan ur honom. Han sjönk ner på knä.

– Sammy? Är du där?

Det var som en tändsticka hade tänts och kastat ljus över hur mörkt det var."

## 9

Vad skulle mina minnessvårigheter kunna tänkas bero på?

"One of the strangest aspects of living with certain kinds of memory loss is knowing that the forgetting is happening."

Floyd Skloot

Nu har vi då försökt reda ut och förstå vad ett självbiografiskt minne faktiskt är och även vad det innebär att sakna ett sådant, eller i alla fall mycket stora delar av det. Men vad skulle då detta kunna bero på? Vilka olika orsaker skulle eventuellt kunna ligga bakom mina stora minnessvårigheter?

När jag först sökte mig till psykiatrin i början av 1990-talet lades som jag redan skrivit fokus helt på min uppväxt och de svårigheter vi haft i familjen på grund av mammas sjukdom, men även på min relation till henne. Jag måste ju ha blivit både traumatiserad och alltför omhändertagande och bunden till henne, och det var alltså detta som även låg till grund för mina svårigheter i kontakten med andra människor och då främst till jämnåriga.

Vad jag därför behövde göra var att dels börja fokusera mer på mig själv och mina egna behov, dels få bättre kontakt med både mina egna känslor och andra människor. Psykiatrin ansåg väl helt enkelt att jag behövde erkänna och acceptera att jag faktiskt har egna, starka känslor. Och även försöka sänka garden och börja lita på andra människor, men samtidigt inte vara alltför naiv och därför så lätt att utnyttja som jag också kunde vara. Jo tack, den gyllene medelvägen är nog bra, men ack så svår att både finna och ta sig fram på, i alla fall för mig.

Som jag redan skrivit gick inte detta sätt att ta sig an mina svårigheter speciellt bra. Nej, jag kom ju istället att må än sämre. Men att det verkligen var nödvändigt för mig att både börja försöka lära känna mig själv bättre och förstå och acceptera att våra känslor faktiskt är av allra största vikt för oss, går förstås inte att sticka under stol med. På grund av psykiatrins – och min egen – brist på kunskap om mina grundsvårigheter kom det ju dock att ta väldigt många år innan jag verkligen skulle kunna ta det till mig och börja arbeta med det på ett mer konstruktivt sätt.

///

Vad gäller mina känslor har jag antagligen försökt, och gör väl i viss mån så fortfarande ibland, lägga locket på vad gäller många av dem. Men då talar jag främst om de starka eftersom det faktiskt verkar som att jag har vissa svårigheter när det kommer till att läsa av de svagare. Mina känslor tycks ofta behöva växa till sig ordentligt innan jag överhuvudtaget lägger märke till dem, och även då kan jag ibland ha svårt att sätta ord på vad jag egentligen känner. Det kanske kan vara ännu en orsak till att jag i vissa situationer tycks reagera mer kraftfullt än nödvändigt?

Det här med känslor är lite lustigt, för om jag nu har svårt att läsa av mina egna är jag desto mer sensibel när det kommer till känslor och stämningslägen hos andra människor. Ja, jag kan vara som en värsta parabolantenn, som liksom inte kan låta bli att fånga upp allt runt omkring mig. Något som faktiskt kan vara väldigt jobbigt. Jag kan direkt känna när något inte står rätt till, kan känna av de där "negativa" känslorna som rädsla, ilska, irritation, sorg etcetera. Men jag kan förstås även här ha mycket svårt att veta säkert *vilken* känsla det egentligen handlar om – och då givetvis ha än svårare att veta *varför* känslan eller stämningen nu finns där. Jag kan därför ibland undra om det kanske inte är så att det är *jag* som bidrar till eller till och med orsakar stämningen. Jag känner i vilket fall som helst nästan alltid att det åtminstone är min uppgift att försöka få till en positiv förändring på något sätt. Det kan väl kanske låta lite högtravande, att det är mitt ansvar att se till att min omgivning mår bra, men det är tyvärr ofta så jag känner.

Men när det kommer till mina egna känslor har jag alltså verkligen försökt kontrollera dem när de väl blivit starka – som när mamma varit sjuk, i kontakten med psykiatrin, eller i andra stressande situationer överhuvudtaget – jag hade nämligen inte klarat av att uträtta så mycket som jag faktiskt ändå gjort om jag då ibland inte hade "stängt av" så många egna känslor. För vi är ju inte precis välfungerande när vi till exempel är helt skräckslagna och sönderstressade, eller kryper ihop i ett hörn och tycker synd om oss själva.

Men att jag ändå upplevde väldigt många och starka känslor under alla de där åren har jag ju redan slagit fast och även försökt beskriva. Och än i dag bär jag alltså med mig många av dem i kroppen. Då det tydligen var så skrämmande och jobbigt skulle det väl kanske då vara lätt att tro att mina svårigheter att minnas helt enkelt beror på att jag förträngt mycket av vad jag varit med om. Men så "enkelt" tror jag förstås inte att det är, för då borde det ju mer handla om att jag glömt *vissa* händelser eller episoder i mitt liv och inte som nu att mina svårigheter innefattar hela mitt liv.

✳ ✳ ✳

Jag skrev tidigare att jag lagt märke till en skillnad i mina "minnen" från före och efter tolvårsåldern, och jag har funderat över vad denna skiljelinje skulle kunna bero på. Om jag till exempel kan ha påverkats extra (känslomässigt) kraftigt av de olika händelser som utspelade sig i just elva-tolvårsåldern, såsom mormors död, mina föräldrars skilsmässa och flytten till annan ort. Eller om det kanske snarare handlar om min hjärnas utveckling, som väl tar extra fart i den här åldern, och kanske även om hormoner.

Själv tror jag att det förmodligen är en kombination av allt det. Jag tror att skilsmässan, flytten till annan ort, det nya sättet att umgås bland barn och ungdomarna där – mer tonårsaktigt, till skillnad från hur det hade varit på den andra orten där jag istället hade lekt, byggt kojor och fordon, eller undersökt och experimenterat – och senare mammas sjukdom, förde med sig att det nu verkligen blev nödvändigt för mig att börja tänka på och försöka förstå så mycket mer än vad jag tidigare behövt göra.

Detta att vi väl alla i den åldern börjar stå alltmer på egna ben innebär ju även att vi då inte längre kan förlita oss lika mycket på exempelvis vår familjs gemensamma minnen. Vi måste istället börja lita mer på våra egna. Och om min hjärna då av någon anledning kanske inte kan skapa eller lagra tillräckligt starka självbiografiska minnen? Ja, då måste den väl troligtvis från och med den åldern varit tvungen att istället hitta andra strategier för att memorera allt jag ändå behöver ha tillgång till för att kunna hantera olika situationer på bästa sätt. Där en strategi då säkert är att på olika sätt försöka skapa så många "semantiskt episodiska" minnen som möjligt.

✳ ✳ ✳

Jag har ju även skrivit att jag ofta fokuserar mer på andra människors känslor än på mina egna, och verkligen försöker förstå hur jag ska anpassa mig i olika situationer för att kunna passa in på bästa sätt. Jag tror faktiskt att jag redan i unga år började göra på det sättet, men att det sedan där i elva-tolvårsåldern kom att bli alltmer intensifierat när jag då också började spela olika roller för att passa in och livet ju dessutom började bli mer svårförståeligt på många plan. Tydligen har jag alltid varit en "kan själv"-person, så då hade jag nog också redan slutat ställa frågor och istället börjat fundera alltmer själv. Och att försöka hantera livet på det sättet kan väl inte vara så bra alla gånger och säkert inte heller lämpligt vid skapandet av självbiografiska minnen? För det att dela egna tankar och funderingar med andra är ju trots allt även det något som kan stärka våra minnen, menar jag.

För många år sedan läste jag en bok av Majken Bahlenberg, och jag kan än i dag känna igen mig i denna lilla flickas tankegångar:

"Hon frågade inte. Ville inte. Vågade inte. Men inuti växte gåtan och hon hade inget svar. Visste bara att här fanns något stort och svårt som hon måste lyssna noga efter i vuxnas ansikten, i deras röster och ögon. Men först och främst: inte fråga rakt ut. Fundera själv först. Och söka svaret överallt hos alla. Jämt. Noga."

Vad jag alltså också funderade på under många år, var om jag kanske till och med hade gått steget längre vad gäller denna förträngning och rollspel och använt mig av dissociation som ett försvar och en överlevnadsstrategi under mycket stora delar av mitt liv. För då skulle det kanske kunna innebära att jag inte bara har låtit "olika Malin" hantera olika situationer, utan också att de olika känslorna då kommit att hamna i olika fack som jag sedan inte kan komma åt när jag inte längre befinner mig i dem. Det skulle ju onekligen kunna skapa mycket stora minnessvårigheter.

Men inte heller det får jag att gå ihop rent logiskt. För även om jag förstås anser att jag i viss mån har använt mig av just dissociation, både för att orka och överhuvudtaget klara av så mycket som jag gjort, så har jag nog ändå alltid varit väl *medveten* om att jag spelat just olika roller, även om de ofta hållits isär av i det närmaste vattentäta skott. *Vissa* händelser kan jag kanske inte minnas på grund av att jag har fungerat så här, men det förklarar ju inte varför jag fortfarande än i dag har dessa minnessvårigheter. Och inte heller varför i stort sett hela mitt liv tycks vara utsuddat.

✻ ✻ ✻

Vi har ju slagit fast att känslor gör att minnen fäster bättre, och för att känslor ska kunna skapas krävs bland annat hjälp av olika signalsubstanser och hormoner. Vid inkodningen av minnen är framför allt dopamin, noradrenalin, adrenalin och kortisol väldigt viktiga.

Dopaminet aktiverar hjärnans belöningssystem och ger oss en känsla av välbefinnande, men hjälper därför också till när det kommer till att motivera oss att både lära in och lära om. Alltså lagra in nya minnen eller förändra dem. Vi tänker då kanske särskilt på detta när det kommer till att lära in eller förändra vanor. För nog kan vi väl många gånger behöva en riklig belöning som motiverar oss att till exempel lära in nya (förhoppningsvis) sundare sådana? Men dopamin motiverar oss – och hjälper även hjärnan på andra sätt – faktiskt att skapa nya minnen överhuvudtaget. En orsak till att vi när vi blir äldre kan få både ett långsammare tankemönster och svårare att minnas är just att dopaminhalten i vår hjärna då minskar.

Annars är det framför allt stresshormonerna adrenalin och kortisol, vilka i sin tur påverkar hjärnan att frigöra dopamin, som verkligen ser till att minnen fäster ordentligt. För det att vi är lite stressade innebär faktiskt att vi är mer koncentrerade och fokuserade på vad som sker både med oss och omkring oss, och därmed kan koda in starkare minnen av händelsen. Det här gäller både för positiva och negativa händelser, men allra mest stressade är vi nog ändå när vi upplever något (för oss) negativt, och det alltså är extra viktigt att memorera det hela för att till exempel (om möjligt) kunna undvika sådana situationer igen.

Men *för mycket* adrenalin och kortisol ger istället motsatt effekt. Vi kan då inte bara må väldigt dåligt – som att bli deprimerade eller ångestfyllda – utan kan även få stora svårigheter att både koda in och återkalla minnen. Ja, delar av vårt minnessystem kan faktiskt helt slås ut om det i det närmaste dränks i kortisol.

Om vi då både ser till hur mitt liv har sett ut – att jag tycks ha varit ganska eller till och med mycket stressad under stora delar av det – och att jag dessutom har tillgång till ytterst få självbiografiska minnen, skulle det väl då kanske kunna tyda på att mitt minnessystem på grund av all stress har skadats på något sätt? Men det får jag inte heller att gå ihop rent logiskt eftersom jag väl då även skulle ha stora svårigheter när det kommer till skapa eller återkalla semantiska minnen? Något jag alltså inte tycks ha. Men just den här biten med stress kan nog ändå vara värd att ha med i bakhuvudet när jag nu funderar vidare, för den kan kanske ändå spela in på något sätt.

## 10

Hur skapas ett självbiografiskt minne, och vad skulle då eventuellt kunna brista hos mig?

"The human brain is a wonderful organ. It starts to work as soon as you are born and doesn't stop until you get up to deliver a speech."

George Jessel

Utan att här gå närmare in på hur ett självbiografiskt minne skapas i grunden kan vi ändå inleda med att slå fast att vi behöver vara vid medvetande och ha förmågan att ta in olika sinnesintryck, men sedan även kunna bearbeta dessa. Kan vi till exempel varken se eller höra lär ju minnet av en händelse som innehåller just mycket visuell och auditiv stimuli bli minst sagt torftigt. Vi skulle dock även om vi saknade vissa sinnesorgan förstås ändå kunna skapa oss minnen. Men eftersom dessa tydligen blir starkare ju fler sinnen som är inblandade i minnesprocessen skulle de då kanske ändå kunna bli mer instabila och lätta att utplåna. Om nu inte istället mycket starka känslor är inblandade.

Skador på yttre sinnesorgan eller i de områden (i vår hjärna) som tar emot och bearbetar informationen därifrån skulle kanske därför kunna påverka åtminstone styrkan i minnet? Och detta skulle då kanske gälla alldeles särskilt för visuell stimuli, eftersom sådan väl måste vara ganska viktig vid skapandet av självbiografiska minnen. Ja, det heter ju till exempel att en bild säger mer än tusen ord.

Vad gäller mig själv har jag faktiskt funderat över om det kanske skulle kunna finnas några brister i just min visuella förmåga, som gör att jag i stort sett inte har tillgång till några detaljerade minnen överhuvudtaget av hur mitt liv har *sett* ut. Jag är ju inte någon visuell tänkare och har inte alls förmågan att till exempel blunda och måla upp olika bilder framför mig. Så även om jag har haft den fysiska förmågan att se olika händelser har jag kanske ändå av någon anledning inte lyckats spara dem som just visuella, mentala bilder? Eller så handlar det kanske istället om att jag numera inte kan återkalla de bilder som en gång skapats i visuella hjärnbarken? Troligtvis skulle det väl i så fall handla om det senare, för även om jag alltså inte kan föreställa mig till exempel olika objekt eller platser känner jag ju ändå igen dem när jag sedan återigen ser dem.

/ / /

De olika sinnesintryck vi lyckas bearbeta förs sedan vidare till arbetsminnet, och har vi brister i detta minnessystem måste det förstås även påverka inkodningen av långtidsminnen. Här läggs nu också väldigt mycket annan information till: delar av gamla minnen och erfarenheter; egna tankar och åsikter om situationen vi upplever, men kanske även funderingar på hur andra uppfattar den; funderingar över olika handlingsalternativ och dess eventuella följder; information om vad vi känner inför det hela etcetera.

Här blir det alltså väldigt många bollar att samtidigt försöka hålla i luft-en, och då gäller det att vi verkligen har förmågan att fokusera på de saker som är viktigast. Här går därför många detaljer förlorade – vilka och hur många är beroende av både situationen och oss själva – och når därmed aldrig fram till långtidsförvaringen. Blir det alltför stort bortfall, eller vi missar delar som verkligen är väsentliga för att vi ska kunna skapa ett för hjärnan förståeligt sammanhang av situationen, kommer väl det medföra att minnet blir instabilt och lätt att utplåna?

Jag skrev tidigare att jag tycks dra ett suddgummi efter mig, men tidvis har jag även använt mig av liknelsen att jag är som en svart tavla, eller numera skulle det väl då vara en whiteboard, där sudden hela tiden går och inget tycks få stå kvar. Om jag hela tiden ska vara tillräckligt redo för att kunna ta itu med alla de nya händelser som eventuellt står för dörren, känner jag nämligen att jag inte får distraheras alltför mycket av de tidigare. Och så skulle det kanske kunna vara här? Att sinnesin-trycken suddas ut innan de hinner bearbetas färdigt i mitt arbetsminne? Eller kanske innan de har konsoliderats (förstärkts) ordentligt för att kunna fästa i långtidsminnet? Särskilt skulle det då kanske gälla för visuell stimuli, som jag enligt undersökningar dessutom verkar vara överkänslig för, och då skulle väl en liknelse med en vindruta och dess torkarblad kunna passa än bättre.

För att jag ska orka och vara redo måste torkarbladen alltså svepa lång-samt hela tiden, och ju mer visuell stimuli – och då särskilt rörlig sådan – ju fortare måste bladen svepa bort intrycken för att hålla sikten fri för mig. Och det skulle då kanske kunna innebära att jag inte hinner ta mig an ens bråkdelen av all den information jag skulle behöva bearbeta? Sedan har jag faktiskt även svårt att överhuvudtaget orka med och klara av att samtidigt bearbeta flera sinnesintryck. Jag kan bli överbelastad och få svårt att koncentrera mig när jag till exempel utsätts för alltför mycket visuell och auditiv stimuli på en och samma gång. I många situationer får kanske därför dessa imaginära torkarblad utföra sitt arbete i allra högsta hastighet?

Jag skulle även kunna tänka mig att jag många gånger har en benägenhet att fokusera på fel saker. Dels på grund av att jag alltså tycks sakna vissa filter, dels på grund av att jag lägger så stort fokus på andra människor och deras åsikter, känslor och behov, i mina försök att både förstå dem och själv uppträda "rätt" i olika situationer. Mina känslor måste förstås också finnas där inne någonstans, men ofta kanske de inte blir till medvetna emotioner eftersom jag trycker undan dem? Eller så har jag kanske inte ens förmågan att alltid lägga märke till dem?

Men alla dessa känslor – både andras och mina egna, om kanske än ibland undantryckta eller omedvetna – kan säkert ändå gett upphov till mycket av den stress jag känt genom åren och fortfarande känner i så många situationer. Och vårt arbetsminne tycker ju inte om att utsättas för sådan. Nej, då kan vi mycket lätt tappa bort många av de där bollarna vi försöker hålla i luften samtidigt.

∥∥∥

Vi talar här visserligen om *ett* självbiografiskt minne, men jag skulle snarare vilja säga att det består av två olika sorters långtidsminnen. Nämligen implicita känslominnen och explicita minnen om en känslomässig situation. Och dessa minnen skapas av de båda minnessystem som styrs av amygdala och hippocampus med sina omgivande strukturer. Så att vi behöver ha välfungerande sådana är väl därför ganska självklart. Om amygdala inte fungerar ordentligt kan vi inte skapa oss känslominnen av händelsen, eller de blir i alla fall mycket bristfälliga. Och om hippocampus inte fungerar ordentligt kan vi ha svårt att skapa oss några långtidsminnen av händelsen överhuvudtaget.

En orsak till att hippocampus tillfälligt kan slås ut är mycket kraftig stress, då den alltså översvämmas av stresshormonet kortisol. Något den inte alls tycker om. Därför kan vi till exempel vid svåra trauman inte bara få en blackout kring själva händelsen, utan även förlora minnen från timmarna, dagen, eller till och med dagarna innan eftersom de då ännu inte hunnit konsolideras. Men blir den negativa stressen rent av extrem eller mycket långvarig kan hippocampus ta ordentlig skada och när celler där dör då till och med bli förkrympt.

Nu finns det även flera områden inom hippocampus som i sin tur har lite olika funktioner – som jag inte har någon vidare koll på – så eventuella mindre skador här kan kanske beroende på var de är lokaliserade åtminstone *delvis* störa skapandet eller återkallandet av minnet? Men skador inom hippocampus kan då faktiskt även påverka exempelvis vårt lokalsinne, för det styrs nämligen även det härifrån.

Kontakten *mellan* amygdala och hippocampus måste givetvis också fungera, så att minnena kan skapas parallellt och vi därmed förstår att de båda hänger samman med den händelse vi upplever. Ja, vad händer egentligen om de är osynkroniserade, om vi för stunden till exempel inte har tillgång till våra egna känslor? Eller att fokus läggs så intensivt på omgivningens emotioner att de överröstar de egna svagare emotionerna? Kan det inte bli kaos i hjärnan när vi inte riktigt vet vad vi känner, eller om det egentligen ens är våra egna känslor? Och i kaos kan det väl inte gärna vara så lätt för vår hjärna att skapa sig ett förståeligt sammanhang, vilket den väl behöver ha tillgång till för att kunna skapa mer stabila minnen?

Så skulle det ju onekligen kunnat vara under mycket stora delar av mitt liv, men i ett sådant ständigt kaos lever jag ju inte i dag. Eller gör jag kanske i viss mån fortfarande det? Som jag sagt har jag ju faktiskt lite svårt att läsa av mig själv vad gäller i alla fall vissa svaga känslor och emotioner. För att då inte tala om att sätta ord på dem. Ja, jag kan faktiskt ha vissa svårigheter att överhuvudtaget känna vad som egentligen sker både i och med min kropp, så jag kan till och med ha ganska svårt att avgöra om eller när jag exempelvis är hungrig eller trött.

Just detta att vi har ordentlig tillgång till våra kroppsupplevelser är faktiskt mycket viktigt vid skapandet av självbiografiska minnen[3], eftersom vi bland annat behöver en bekräftelse på att det är vi själva som upplever en händelse, och ingen annan. Och särskilt viktigt är detta då förstås när det kommer till att kunna skapa oss riktigt känslomässigt levande minnen. För har vi av någon anledning svårt att höra signalerna från vår kropp riskerar våra minnena istället att bli mycket fragmentariska.

# # #

---

3. Se appendix för en studie kring just detta med kroppsupplevelse och minne.

Jag skrev ju tidigare att jag många gånger även försöker "stänga av" vissa känslor som är alltför plågsamma att stå ut med. Eller i alla fall stör min förmåga att fungera på det sätt jag anser att jag i många situationer behöver kunna göra. Hur kan det vara möjligt?

Det är den prefrontala hjärnbarken – i våra pannlober – som i samarbete med amygdala styr våra känslomässiga reaktioner. Som först bearbetar och analyserar informationen från de olika sinnesområdena, och sedan utifrån den planerar och organiserar (förhoppningsvis) adekvata känslor och handlingar. Om detta område skadas skulle en stor del av vårt känsloliv falla bort, för om vi inte förstår att en situation kräver ett känslomässigt svar lär det inte heller komma något.

När det kommer till just tolkningen och bearbetningen av kroppsupplevelser och känslor är det vår högra hjärnhalva som är den dominanta. Vår vänstra är istället mer inriktad på språk och logik. Därför är det också den högra prefrontala barken som sätter igång framför allt negativa känslor, som rädsla och ilska, medan den vänstra istället är den mer analytiska, som i möjligaste mån ser till att dämpa sin högra kollega så att känslorna inte växer sig *alltför* starka.

Det system som tolkar och bearbetar den ständigt inkommande informationen från kroppens alla hörn är det somatosensoriska. Och uppstår skador här, eller systemet av någon anledning inte fungerar helt som det ska, kan förstås även det påverka vårt känsloliv. Det viktigaste området i systemet vad gäller just känslor är det som kallas insula. Och om vår högra insula inte fungerar som den ska kan vi ha svårt att identifiera och beskriva både våra egna och andras känslor; det tillstånd som kallas alexitymi. Något som jag skulle vilja säga att jag i viss mån har.

Så min "avstängningsförmåga" torde kanske därför kunna förklaras med att min vänstra prefrontala bark har ganska stor makt över sin högra kollega, och alltså så ofta har förmågan att dämpa dess försök till känslomässiga reaktioner? Om de nu inte har blivit alltför kraftiga eller komplexa, vill säga.

Eller så kanske det skulle kunna vara så att den högra sidan av någon anledning kan ha vissa svårigheter när det kommer till att både sända signaler till och ta emot sådana från somatosensoriska systemet och amygdala? Det är nämligen inte bara hippocampus som kan ta skada av långvarig, negativ stress, det kan även prefrontala barken. Man har till exempel sett att vissa som lider av PTSD har en minskad aktivitet i en viss del av den och därför kan ha svårigheter med att hantera starka känslor. Nu rimmar ju just det illa med min förmåga till avstängning, men området kan kanske ha skadats på något annat sätt? Och där då kanske främst den högra sidan tagit stryk?

Men mina eventuella störningar kan kanske till och med återfinnas redan i det somatosensoriska systemet och då särskilt i insula, för jag kan ju som sagt ofta ha svårt att riktigt läsa av både min kropp och mina känslor? I vilket fall som helst skulle väl alla dessa exempel kunna föra med sig att min karta över olika kroppstillstånd då kanske inte alltid blir så tydlig och informativ som den skulle behöva vara, för att vara behjälplig när det kommer till att skapa starka och varaktiga självbiografiska minnen?

# # #

Sedan behöver minnet också konsolideras (förstärkas) och lagras in ordentligt. Och då är sömnen otroligt viktig, för det är då minnen till största delen konsolideras. Men det ska också sägas att sömnen faktisk är viktig redan innan det blivit dags för denna minnesinlagring. Ja, bland annat vill hippocampus först ha möjlighet att rensa ut all gammal information och göra plats för detta nya minne. Faktum är dock att *hela* vår hjärna städas under sömnen: cerebrospinalvätskan som omger den passar då nämligen på att skölja av alla skrymslen och vrår riktigt ordentligt. Sömnbrist är alltså inte alls bra om vi vill att minnet ska fästa på bästa sätt. Nej, det torde väl snarare leda till ett mer instabilt minne som lättare kan suddas ut?

Just sover så bra kan jag inte påstå att jag gör, och jag hade nog än större svårigheter när mamma var sjuk. Men framför allt sov jag oftast rent bedrövligt dåligt när jag kämpade som bäst i min kontakt med psykiatrin, särskilt när jag låg inlagd då jag ju knappt sov något alls. Att sömnen är väldigt viktig har jag nog dock alltid varit väl medveten om. Och jag har även satt (och sätter) stort värde på den, för är det något jag velat göra under åren så har det varit just att sova ifrån allt det jobbiga. Jag vet till exempel att jag alltid försökte se till att mamma – när hon inte mådde bra – kom i säng och fick den sömn hon så väl behövde, vilket långtifrån alltid gick så bra precis. Men jag vet också att jag själv försökte sova närhelst jag fick en chans, vilket väl då kunde innebära att det ibland fick bli på dagen. Att jag på detta sätt väl ändå lyckades få fatt i ganska mycket sömn under de där åren bidrog nog till att jag faktiskt orkade och klarade av så mycket som jag ju trots allt gjorde. Och att jag var så duktig i skolan som jag ändå var.

///

Men även om det är i främst sömnen minnen konsolideras tycks de till viss del även göra det vid vila. Något som vi faktiskt låter vår hjärna få göra väldigt mycket, nästan halva vår vakna tid. Det ska dock påpekas att "vila" väl egentligen är ett missvisande ord, för vår hjärna jobbar minsann även då vi inte mer aktivt ger den problem att lösa. Och precis som under nattens konsolidering är då bland annat prefrontala barken och hippocampus aktiva, och så är även området angular gyrus som jag snart återkommer till. De ingår nämligen alla i det nätverk som arbetar åt oss när vi vilar, det som kallas default mode network (DMN).

När vi gör saker på rutin – vilket vi oftast gör – eller kanske bara sitter ner och tar det lite lugnt, passar vår hjärna nämligen på att ge sig ut på strövtåg. Vi låter då tankarna vandra fritt eller dagdrömmer. Kanske handlar dessa tankar om oss själva, vår omgivning och det som sker i vårt liv just nu, men oftast tar vår hjärna med oss på resor både bakåt och framåt i tiden. Och den kan förstås även måla upp rena fantasi-scener. Att vår hjärna ges möjlighet att vandra och dagdrömma så här stärker till viss del våra minnen, men framför allt är det oss till hjälp när det kommer till att planera för vår framtid och vid problemlösning. Och utöver det kan det även ge vårt kreativa tänkande en extra skjuts. Men, även vid dessa olika uppgifter är förstås sömnen fortfarande vårt allra viktigaste redskap.

Minnen stärks alltså även när vi tänker på och reflekterar över dem. Nu kommer jag förstås inte ihåg hur mycket jag egentligen har reflekterat över olika händelser i mitt liv, men antagligen har jag funderat mer över vissa saker och andra har jag istället varit tvungen att slå ifrån mig för att orka överleva. Jag tror nog dock ändå att jag oftast har funderat väldigt mycket, men eftersom det samtidigt alltid har varit så många olika saker att hålla reda på och försöka hålla isär kanske min hjärna inte riktigt har klarat av att bearbeta allt? Och då har kanske framför allt sådant som berört mina egna känslor och behov fått stryka på foten?

❦ ❦ ❦

Men konsolideringsprocessen måste säkerligen kunna störas även på många andra sätt, och som då alltså för med sig att hjärnan inte kan bearbeta minnets olika delar på ett sätt som ger ett mer stabilt minne. Vad händer till exempel om den prefrontala barken inte får kontakt med de emotionella delarna i amygdala, eller de är alltför motstridiga? Kommer konsolideringen att fortsätta då eller suddas minnet istället alltmer ut? Jag kan ju ha sparat emotionella bilder skapade utifrån både mig själv och andra.

Jag har som sagt även spelat (och spelar) många olika roller under mitt liv, och har ofta verkligen försökt hålla isär dem med i det närmaste vattentäta skott, kan det kanske ha stört konsolideringen? Det kanske inte kan vara så lätt för hjärnan att hålla isär alla de där rollerna när de ju i grund och botten ändå samsas om en och samma kropp?

211

Mitt liv har också varit till brädden fyllt av så mycket jag inte förstått, som många gånger inte ens har varit möjligt att förstå, vad gäller till exempel mammas sjukdom, mitt förhållande till andra människor och vad jag egentligen försökt åstadkomma tillsammans med psykiatrin. Och när vi funderar över (till synes) oförståeliga saker kan ju det onekligen leda till kaos i vår hjärna, vilket väl inte kan vara någon bra grogrund för skapandet av mer stabila minnen?

Vi kan därför utöver att tänka på händelserna även behöva prata om dem med någon annan. Någon som kanske kan hjälpa oss att både bättre förstå vad vi har upplevt och hitta andra synvinklar när det kommer till att även reflektera vidare över det. Tyvärr hade jag inte någon att prata med om allt det som var jobbigt under mammas sjukdom – utöver min bror, men han blev antagligen besparad de flesta av mina funderingar – fram tills dess att jag sökte mig till psykiatrin. Det kan förstås ha spelat viss roll när det kommer till min brist på minnen från de åren. Men eftersom jag sedan 25-årsåldern ändå haft någon att prata med borde det väl i så fall inneburit att även mitt minne då sakta men säkert börjat förbättras? Vilket det alltså inte tycks ha gjort.

Annars är just pratet väldigt viktigt för mig när det kommer till att memorera saker, och då behöver jag inte ens prata med någon annan alla gånger. För sådant jag sätter ord på minns jag bättre, och särskilt om jag även hör orden uttalas. Det blir då förstås semantiska minnen – eller "semantiskt episodiska" – men jag får väl hugga tag i vad jag har möjlighet att få fatt, antar jag.

∥∥∥

Att sakna tillgång till självbiografiska minnen behöver förstås inte enbart bero på att sådana inte ens har skapats. Det kan ju även vara så att vi av någon anledning inte har förmågan att återkalla dem.

När vi erinrar oss en tidigare händelse aktiveras (förhoppningsvis) återigen de nätverk i hjärnan som vid den aktuella händelsen skapades av de båda minnessystemen. Vi kan då om allt går som det ska måla upp en bild inom oss, eller till och med en film som består av till exempel visuella, auditiva och sensoriska bilder. Och vi kan även fyllas av en känsla (eller flera) som hänger samman med den händelse vi ser tillbaka på.

Vad jag har förstått så är ett riktigt levande minne oftast även väldigt detaljrikt. För om inte alla de här detaljerna tillförs blir minnet inte bara vagare, utan det blir nog också betydligt svårare att få fatt känslan av att det faktiskt är något som hänt oss. Istället för ett minne sett ur förstapersonsperspektiv blir det då snarare ett sett utifrån tredje person. Det blir alltså mycket svårt att få fatt den där känslan av att återuppleva händelsen, genklangen i kroppen, som ju är själva definitionen av ett självbiografiskt minne.

Att det verkligen tycks förhålla sig så har man bland annat kunnat se i några studier där personer med skador på ett visst område i hjärnan ingått, eller där området tillfälligt slagits ut med hjälp av så kallad transkraniell magnetstimulering. Området i fråga är vänstra hjärnhalvas angular gyrus, som enligt vissa forskare tros ansvara för just minnets kontextuella detaljer – medan hippocampus då snarare ansvarar för den mer grundläggande kontexten. Eftersom hippocampus inte var påverkad i dessa studier förlorade personerna alltså inte helt sitt självbiografiska minne, men det blev betydligt fattigare och var svårare att måla upp som levande bilder.

Men alla de här bilderna, som ju skapas från insidan, blir i vilket fall som helst bara mycket flyktiga rekonstruktioner och därför aldrig lika starka och tydliga som de som skapas av intryck vi tar till oss utifrån. Våra minnen blir snarare bleka kopior, även om det finns undantag som vid exempelvis traumatiska minnen. Och om då de minnen som jag eventuellt ändå lyckats skapa av någon anledning redan från början varit väldigt fragmentariska, kommer väl det innebära att rekonstruktionerna blir än blekare kopior? Ja, kanske så bleka att de knappt syns? Och då lär väl dessa minnen sakta men säkert försvinna allt längre in i dimman jag lämnar efter mig när jag stapplar mig fram här i livet?

Och om jag nu ibland har svårt att registrera vad jag egentligen känner i olika situationer i "verkliga livet", innebär det kanske att jag då kan ha än svårare att få kontakt med vissa känslor som borde vara förknippade med de *jag vet att*-minnen jag ändå har tillgång till? Kanske är det därför de inte ger den minsta genklang i kroppen? Men det skulle väl då förstås lika gärna kunna bero på den i stort sett totala bristen av kontextuella detaljer i dessa minnen? Ja, det senare är nog ändå en betydligt troligare förklaring, får jag för mig.

I "verkliga livet" utspelar sig ju också de olika händelserna under mycket längre tidsperioder, till skillnad från den korta neurala aktivitet som uppstår då vi erinrar oss ett minne. Så för mig, som ibland kan behöva gott om tid för att bearbeta information, kanske denna tidsfaktor kan vara avgörande och innebära att mina minnen blir alltför bleka?

Även vid återkallandet av minnen kan, som vi tidigare slagit fast, stressen sätta sina käppar i hjulet för oss, eftersom stress påverkar både hippocampus och prefrontala barken och även får oss att fokusera mer på hur vi har det här och nu än hjälper oss att se tillbaka på något vi redan upplevt. Åtminstone om det handlar om situationer då vi befunnit oss i helt andra sinnestillstånd än det vi för tillfället befinner oss i. Är då minnet också en blek kopia, eller till och med en mycket blek sådan, ja, då behövs det kanske inte mycket stress för att det ska bli i det närmaste omöjligt att få fatt i det där minnet? Och att jag antagligen är åtminstone lite stressad, även om jag inte alltid ens är medveten om det, i de allra flesta situationer kan vi nog slå fast. För livet är allt som oftast inte någon dans på rosor precis.

11

Framtidsminnen

"Memories are the key not to the past, but to the future."

Corrie ten Boom

Det självbiografiska minnessystemets viktigaste uppgift skulle ju vara att hjälpa oss att skapa "framtidsminnen" (alltså göra oss föreställningar om framtiden), så vi bör väl också fundera lite över sådana. Jag har som sagt svårt även när det kommer till att skapa "framtidsminnen", och då framför allt när det kommer till att föreställa mig själv i denna framtid, något som inger en ständig känsla av otrygghet. Denna svårighet skapar därför oro, ja, ibland till och med svår ångest hos mig, men även viss depressivitet när jag till exempel inte kan föreställa mig en ljusare framtid när jag mår dåligt eller livet är extra kämpigt. Känslor som ju är allt annat än trevliga att behöva tampas med. Det skulle därför vara så skönt om jag kunde finna något sätt att förändra detta – även om jag tyvärr har svårt att tro att det skulle kunna vara möjligt.

"Framtidsminnen" skapas ju nämligen av våra redan existerande minnen – medvetna såväl som omedvetna – och all den kunskap vi besitter, och fogas sedan samman med en känsla av att vi själva kommer att vara en del av denna framtid. Så även alexitymi (svårigheten att tolka egna och andras känslor) kan alltså sätta käppar i hjulet för oss vid skapandet av sådana här minnen. Och så kan även det tillstånd som kallas afantasi, det att inte ha förmågan att kunna visualisera bilder i huvudet; att ha ett blint inre öga. Men faktum är att även förmågan att föreställa sig andra sinnesintryck oftast är nedsatt vid detta tillstånd – och vissa individer saknar till och med helt förmågan att skapa några sensoriska "bilder" – såsom hur något låter, smakar, känns etcetera. Och utöver detta har vissa individer med afantasi också svårigheter med ansiktsigenkänning.

Erfarenheter, drömmar, önskningar, behov, känslor, tankar och funderingar blandas alltså samman i en enda röra, och ut kan då komma alla möjliga (och omöjliga) "framtidsminnen". Många använder vi oss av dagligen och andra kanske aldrig blir verkliga – eftersom vi till exempel aldrig kommer att ha råd med den där drömresan om vi nu inte vinner på lotto. Så länge jag inte kommer åt mina självbiografiska minnen, och även har både afantasi och till viss grad alexitymi, lär jag väl därför inte heller kunna skapa mig mer levande "framtidsminnen", utan också dessa kommer nog även fortsättningsvis vara torftiga *jag vet att*-minnen. Som jag alltså lyckas skapa med hjälp av rutiner och logiskt tänkande.

Som jag tog upp i förra kapitlet dagdrömmer vi en stor del av vår vakna tid, och dessa tankar och drömmar består ju inte endast av minnen av det förflutna utan är lika ofta just "framtidsminnen". Hippocampus är då förstås inblandad och nödvändig i båda dessa minnesprocesser. Man har i studier kunnat se att skador här visserligen inte tycks påverka antalet mentala resor, men att dagdrömmarnas innehåll och form ändå blir något annorlunda. Och beskrivningarna av dessa stämmer faktiskt mycket väl med hur det är också för mig. (Även om jag skulle vilja tillägga att jag knappast dagdrömmer överhuvudtaget; när det väl är lugnt uppe på kontoret är där då snarare oftast ganska tomt och svart.)

Mina tankar är nämligen oftast förankrade i nuet eller den närmaste framtiden, och är även av semantisk art – faktabaserade, snarare än känslomässigt episodiska – och nästan helt verbala (språkliga). När jag sitter och funderar målar jag inte upp visuella bilder utan för snarare ett samtal med mig själv. Och de ytterst få bilder jag ändå kan måla upp någon enstaka gång, även om de då blir oerhört diffusa, är i form av mönster eller ritningar. Om jag till exempel skulle försöka måla upp bilden av ett hus, skulle det i bästa fall bli en extremt otydlig ritning över hur några av rummen skulle kunna tänkas vara placerade. Alltså inga närmare detaljer eller former och färger.

Mina få "framtidsminnen" ligger alltså nästan uteslutande väldigt nära framåt i tiden – dagar snarare än månader eller år – och de är verbala. Det kan till exempel handla om olika teorier om vad som eventuellt kan tänkas komma att hända i en förestående situation, och funderingar på hur jag då bör agera och vad jag bör säga. Men jag kan inte "måla upp" några detaljrika scener framför mig, utan jag samtalar istället med mig själv om hur de i det stora hela möjligtvis kan komma att se ut. Jag försöker föra ett logiskt och teoretiskt resonemang grundat på de fakta jag har att tillgå.

Nu är ju dock inte detaljerna – som jag i stort sett inte har någon som helst tillgång till – i våra minnen det viktigaste när det kommer till att kunna skapa oss ändamålsenliga "framtidsminnen". Eller för att kunna ta itu med nuet överhuvudtaget. Nej, det viktigaste är istället den generella erfarenhet och de olika känslominnen vi samlat på oss under livets gång. För det att ha kunskap om vad vi känner inför olika objekt och situationer är nämligen det som kan hjälpa oss mest i livet. Och då tänker jag förstås särskilt på alla situationer som ständigt uppstår på det personliga och sociala planet.

Generella erfarenheter har jag ju ändå i viss mån tillgång till, men det är tyvärr lite sämre ställt med de där känslorna som skulle kunna hjälpa mig att ta hand om mig själv på bästa sätt. Och i förlängningen då även hjälpa mig i kontakten med andra människor. Alltså kunskapen om och erfarenheten av mina egna känslor och behov.

↑ ↑ ↑

Apropå detta med minnen och "framtidsminnen", så har neurologen Antonio Damasio enligt mig en väldigt intressant teori om något han kallar somatiska markörer. Och sådana skulle väl då kanske kunna sägas vara delar av vårt självbiografiska minne, sprungna ur våra egna erfarenheter. Det är alltså markörer som placerats ut på vår inre kroppskarta och som ger sig till känna i form av en känsla – medveten eller inte – när vi funderar över beslut eller handlingar i olika situationer.

De hjälper oss därmed att sålla bland alla de oräkneliga alternativ och dess eventuella följder som ju faktiskt uppstår vid väldigt många beslut vi fattar dagligen, men som vi nog inte alltid ens funderar över eftersom dessa markörer ofta arbetar i det tysta. De larmar vid val som (antagligen) är negativa för oss och lägger istället fokus vid sådana som (troligen) är mer positiva. De medvetna markörerna kan ge sig till känna som känslor av vad vi tycker om eller inte; vad som skrämmer oss eller inte; vad vi anser vara rätt eller fel etcetera, medan de omedvetna istället ger en magkänsla eller kanske en än vagare intuition om vilket val, beslut eller handling som nog är det bästa för oss själva – och vår omgivning – i just denna situation.

Vissa av dessa somatiska markörer finns där redan när vi föds eftersom de krävs för vår överlevnad, som till exempel hunger när blodsockret faller, eller att vi ryggar undan när något objekt gör detsamma. Men de allra flesta samlar vi ändå på oss under livets gång. De uppstår i hjärnan som ett resultat av medfödda preferenser, uppfostran, utbildning och kulturell påverkan.

Vissa bestämda typer av stimuli har alltså efterhand kommit att förknippas med vissa bestämda kroppstillstånd. När de sedan dyker upp i olika situationer kan de därför snabbt råda oss, så att vi därmed slipper fastna i ett oändligt funderande och analyserande av olika alternativ och alla dess eventuella följder. Det är nämligen så att vi utan tillgång till våra känslor och erfarenheter skulle riskera att bli överrationella. Något som i de allra flesta situationer absolut inte är till gagn för oss, åtminstone inte på det personliga och sociala planet.

✸ ✸ ✸

Damasio ger ett exempel från sin egen praktik, där en patient med skador i prefrontala barken kom till laboratoriet en vinterdag. Patienten hade kört bil och berättade helt oberört att det inte hade varit några som helst problem, trots de glashala vägarna. Han hade lugnt tagit sig fram eftersom han hade följt de regler man bör följa, medan andra bilister istället hade fått panik och kanat av vägen. I detta fall var alltså patientens brist på just somatiska markörer till fördel för honom, till skillnad från hans medtrafikanter. Men när han nästa dag skulle avtala en ny tid med Damasio blev däremot denna brist allt annat än ändamålsenlig. Patienten analyserade då de olika alternativen in absurdum, och till slut fick Damasio helt enkelt bestämma åt honom.

Känslor kan alltså ställa till det ibland, men utan dem skulle vi vara allt annat än välfungerande. Tyvärr får jag erkänna att jag till viss del känner igen mig i det som beskrivs ovan, även om jag verkligen inte har lika stora problem som patienten. För jag kan faktiskt bli ganska lugn och fokuserad i vissa situationer, som för andra kanske kan vara både skrämmande och stressande, men kan sedan i det närmaste köra fast helt när det kommer till något så enkelt som att till exempel bestämma en ny tid hos någon vårdgivare. Eller kanske bestämma vilka byxor jag ska sätta på mig, om jag nu inte redan bestämt det dagen innan.

# # #

Dessa somatiska markörer skapas till största delen under vår barn- och ungdom, även om vi förstås fortsätter att skapa sådana med hjälp av känslomässiga erfarenheter hela livet. Så vad händer då om man redan i mycket späd ålder börjar lägga så stort fokus på andra människor, som jag tycks ha gjort? Större fokus på deras reaktioner, behov, önskningar etcetera än på mina egna. Och efterhand dessutom började härma andra alltmer och då även började spela olika roller i olika situationer. Skulle inte detta då kunna innebära att jag kanske har placerat ut åt-

222

minstone vissa somatiska markörer om inte felaktigt, så i alla fall mer utifrån omgivningens förväntningar och behov? De har visserligen skapats med hjälp av mina egna känslor, men dessa har kanske snarare uppstått för att omgivningen känt på ett visst sätt, inte utifrån hur jag själv kanske egentligen har upplevt de olika situationerna eller objekten?

Sedan kom då också mammas sjukdom med alla extrema känslor, och även psykiatrin med sina åsikter om hur de flesta av oss människor fungerar och vad vi mår bra av (eller inte). Båda situationer jag gjorde mitt allra bästa för att anpassa mig till. Ja, tyvärr brukade jag ju till och med våld på mig själv i försöken att passa in på bästa sätt. Nog kan väl kanske det ha ställt till det än mer när det kommer till skapandet av somatiska markörer, särskilt som min hjärna väl samtidigt åtminstone måste ha försökt att skapa sådana även utifrån mina egna behov? Och möjligen kan i så fall sedan försöken att läsa av denna kanske något diffusa kroppskarta och alla dessa känslor även ställa till med åtminstone lite oreda? Som när det till exempel kommer till förmågan att skapa enhetliga, självbiografiska minnen?

Men även om det nu troligtvis inte alls påverkar förmågan att skapa minnen i någon högre grad, är det förstås ändå inte bra att skapa alltför många somatiska markörer utifrån vår omgivnings känslor, förväntningar och behov. Nej, vi behöver minsann även ha tillgång till en riktigt rejäl uppsättning som utgår enbart ifrån våra egna sådana. Och då förstås även ha förmågan att kunna hålla isär dessa olika markörer på något sätt.

I vilket fall som helst anser jag att vi kan slå fast att det är otroligt viktigt att vi har tillgång till våra känslor och erfarenheter. Jag märker ju själv hur svårt det är när jag inte alltid har det. När jag inte riktigt vet vad jag känner i olika situationer; eller hur jag kommer att känna om jag väl beslutar mig för att ta itu med någon av dem; och vad det då i sin tur eventuellt ger upphov till och hur jag på bästa sätt bör ta itu med det; och hur…

Alla dessa nya led, som hela tiden följer på de föregående, kan ibland få min hjärna att gå i spinn. Och det är väl då det vore förbaskat bra att ha tillgång till åtminstone den delen av det självbiografiska minnet som nu även jag, liksom Damasio, valt att kalla somatiska markörer?

Men jag har ju faktiskt ändå tillgång till en hel del sådana, även om de som sagt då ofta är mer förknippade med andras förväntningar, behov och önskningar. Vilket förstås är något som också är bra att ha tillgång till i många situationer. När det till exempel kommer till att bemöta och hjälpa andra människor kan jag därför ofta få fatt den där magkänslan som kan leda mig rätt. Och sakta men säkert har jag på senare år även lyckats placera ut allt fler egna markörer, som i åtminstone vissa situationer säger mig vilka beslut som antagligen kommer att vara de allra bästa att fatta utifrån mina egna behov och önskningar.

## 12

Vad har vi då kommit fram till?

*"There are things known and there are things unknown, and in between
are the doors of perception."*

Aldous Huxley

Att jag nu har fått möjlighet att skriva ner mina tankar så här har alltså
varit väldigt nyttigt för mig. Och det trots att det då emellanåt även
har varit ganska plågsamt att göra det. För detta att sätta samman så
många av mina funderingar har faktiskt inte bara inneburit att jag haft
möjlighet att bearbeta en del av vad jag varit med om, utan har också
fört med sig att helt nya funderingar har dykt upp. Funderingar som
jag då också har kunnat dela med framför allt Nouchine Hadjikhani.
För medan jag arbetade med denna text och funderade på mitt håll, så
funderade forskarna på sitt. Funderingar som alltså sedan även ledde
fram till en fallstudie om mina självbiografiska minnessvårigheter. En
artikel som jag här i kapitlet snart ska återkomma till lite kort.

Utöver det att detta då har varit så nyttigt för mig, hoppas jag förstås
även att jag åtminstone i viss mån har kunnat besvara frågan om vad
det innebär att sakna självbiografiskt minne. Att jag här har kunnat
förmedla vissa beskrivningar om hur det är att gå i mina skor. Beskriv-
ningar som då kanske även har skapat igenkänning hos er med liknan-

de svårigheter – och åtminstone en viss förståelse hos er som istället har turen att ha ett välfungerande minne.

Även om min kunskap förstås fortfarande är långt ifrån så stor som jag skulle önska känner jag ändå att jag nu börjat få åtminstone grunden alltmer klar för mig. Både vad gäller hur vårt självbiografiska minne är uppbyggt och vad som kan påverka det och – inte minst – vilka brister som tycks finnas hos mig själv. Under mitt funderande har jag till exempel kommit fram till att det måste finnas många olika besvär och svårigheter, utöver skador och sjukdomar i hjärnan, som även kan föra med sig vissa minnessvårigheter. Kognitiva svårigheter, perceptionsstörningar, alexitymi, depression, stress, ångest och sömnsvårigheter är väl bara några sådana, skulle jag tro.

Jag har också insett att vissa hjärnor redan i grunden tycks vara något annorlunda kopplade och därför inte har ett helt "normalt" fungerande minnessystem, vare sig det då handlar om en förmåga att minnas alltför mycket eller alltför lite. Och om vi till exempel ser till en funktionsvariant som autism har man i vissa studier kunnat se att signalerna och kopplingarna inom exempelvis DMN[4] tycks fungera något annorlunda. Om det är så tror jag faktiskt att även många andra autistiska personer kan ha vissa svårigheter när det kommer till att få fatt just sina självbiografiska minnen – men kanske i än högre grad åtminstone ha tillståndet afantasi.

///

---

4. Se appendix för en kortfattad beskrivning av nätverket ifråga.

Men om vi då går till just mig och de svårigheter jag har, skulle vi nu där kunna dra några slutsatser? Har jag till exempel under mitt eget funderande funnit någon orsak jag tror vara mer trolig än andra vad gäller varför jag har dessa minnessvårigheter? Nej, inte i detalj, förstås. Men jag tror som sagt ändå att jag har börjat få grunden klar för mig nu.

För det första tror jag att jag måste haft minnessvårigheterna med mig sedan barnsben. Jag har nämligen mycket svårt att få det hela att gå ihop rent logiskt annars. Jag tror därför att min hjärna i grunden fungerar något annorlunda och har gjort så i hela mitt liv, och att mina minnessvårigheter alltså inte har uppstått genom vare sig en skada eller orsakats av de händelser jag varit med om. Men visst, de har kanske blivit än värre på grund av dessa händelser och upplevelser. Stress, ångest och sömnsvårigheter är ju, som vi slagit fast, trots allt ingen vidare bra grogrund för skapande av minnen.

Jag har också under åren trott, och tror så fortfarande, att känslor och kroppsupplevelser måste ha ett finger, eller kanske till och med flera, med i spelet här. Att jag av någon anledning kanske inte helt lyckas hörsamma alla signaler från den kroppskarta min hjärna ändå med all säkerhet både har skapat och ständigt håller uppdaterad. Men nu när jag funderat vidare har jag också tänkt att dessa eventuella svårighet att hörsamma signaler, eller om de snarare av någon anledning inte sänds som de ska, då förstås även skulle kunna finnas i några andra områden i hjärnan som är viktiga för just våra självbiografiska minnen. Och är det kanske i så fall någonstans inom DMN dessa eventuella signalavvikelser går att finna? Alltså det nätverk där bland annat mediala prefrontala barken, hippocampus och angular gyrus ingår.

Tidigare har jag väl inte trott att det skulle kunna vara något större fel på min hippocampus, eftersom jag ju trots allt både kan skapa semantiska minnen och har ett åtminstone hyfsat gott lokalsinne. Men nu när jag funderat mer och tagit del av så många olika studier har jag fått tänka om lite. För om vi ser till att jag inte bara har svårt att minnas mitt förflutna utan även svårt att skapa "framtidsminnen", och att både innehåll och form i mina funderingar vid tankevandringar tycks skilja sig från det "normala", så tyder det väl ändå på åtminstone någon mindre störning där? Som antingen stör skapandet och konsolideringen av minnen, eller gör att jag inte kan återkalla dem.

Och eftersom jag också har så stora svårigheter när det kommer till att minnas detaljer – i stort sett inga alls – tror jag faktiskt att det på något sätt brister när jag ska bearbeta, lagra eller återkalla minnen skapade av främst visuell stimuli. Som jag skrev tidigare har jag genom åren funderat över om jag kanske till och med har några brister i min visuella förmåga, och att felet kanske skulle kunna ligga i exempelvis visuella barken. Men den funderingen har jag väl i stort sett lagt åt sidan nu. Om de teorier jag tagit upp här stämmer skulle jag i dag då snarare gissa på angular gyrus, som har mycket nära kontakt med både visuella och auditiva barken. Kanske kan min (vänstra) angular gyrus inte sköta alla sina uppgifter ordentligt, i alla fall inte de som handlar om att registrera och/eller spara kontextuella detaljer?

///

Om vi då istället går över till forskarnas funderingar kring mina svårigheter och vad de skulle kunna tänkas bero på.

Först var de förstås tvungna att försöka slå fast att jag faktiskt har minnessvårigheter, och det gjordes med hjälp av ett test som gick ut på att mäta min förmåga att återskapa självbiografiska minnen om specifika episoder i mitt liv. Under ett par timmars samtal med en forskare fick jag därför i uppgift att försöka datera och placera de olika minnen som eventuellt skulle komma att dyka upp när han läste upp olika ord, och sedan också försöka beskriva minnet så detaljrikt som möjligt. Inte förvånande blev mitt testresultat mycket dåligt, och inte ens de mycket känslomässigt laddade minnen jag ändå i viss mån lyckades få fatt tycktes ha någon ordentlig självbiografisk kvalitet.

Givetvis har min hjärna även undersökts på olika sätt; med hjälp av MRT, MEG samt EEG har både utseende och viss hjärnaktivitet studerats. Och fynden som gjorts motsäger inte mina egna funderingar vad gäller avvikelser i exempelvis strukturerna hippocampus och angular gyrus. Nej, tvärtom.

Bland annat fann man nämligen att min hippocampus är mindre än andra kvinnors i min ålder på båda sidor, men även att min högra hippocampus är betydligt mindre än den vänstra. (Något som även Palombo et al. fann hos personerna i sin SDAM-studie från 2015.) En volymskillnad som inte fanns att finna hos kvinnorna i kontrollgruppen. Man fann också signalavvikelser i några olika hjärnområden, i form av epileptiform aktivitet, och ett område där man fann sådan aktivitet var just vänster angular gyrus. Men avvikelser fanns även i min vänstra

tinninglob och i de båda nackloberna (där visuella barken är belägen).
Forskarna tar även upp funderingar kring sådan här minnesproblema-
tiks eventuella koppling till autism. Fundering som även jag själv har
haft och fortfarande har. Men mer utförliga beskrivningar av fynden
gjorda av forskarna får ni ta del av i artikeln "A case report of severely
impaired autobiographical memory in a woman with Asperger syn-
drome." (Hadjikhani et al.) i slutet av boken.[5]

///

Jag tror väl själv att jag får dras med dessa minnessvårigheter även un-
der resten av mitt liv, men jag önskar verkligen att det gick att föränd-
ra på något sätt. Ja, jag skulle bli så oerhört tacksam om någon sa att
det gick att rätta till och då dessutom förklarade för mig hur jag i så fall
skulle gå till väga. Men när det nu troligtvis inte går att göra något åt
är jag ändå tacksam för att åtminstone ha börjat få fatt i en förklaring
till hur det kunnat bli så här. Eller i alla fall fått mer kunskap om var
någonstans i min hjärna det tycks finnas brister som faktiskt skulle
kunna förklara dessa svårigheter.

///

Jag skulle här också vilja ta upp något annat jag tänkt alltmer på under
skrivandets gång. Något jag tycker är väldigt viktigt och väl värt att
betona. Och det är för det första att jag anser att åtminstone vårdgivare
bör försöka ta sådana här minnesproblem mer på allvar, trots att de
kanske varken kan förstå dem eller knappt tro på dem. För om man

---

5. Se appendix.

som patient väl tar mod till sig och verkligen försöker lägga fram sådana här, i mitt tycke, mycket plågsamma svårigheter, som både kan vara mycket skrämmande och skamliga, ja, då anser jag sannerligen att man åtminstone förtjänar att bli ordentligt lyssnad till och att det man säger också tas på största allvar.

Vad jag givetvis också tycker är oerhört viktigt att ta med i beräkningen vid möten med patienter är att vissa i grunden kan fungera något annorlunda även på andra sätt. Att det kan finnas biologiska orsaker till att man fungerar på ett visst sätt, och att det bemötande eller de råd som passar de flesta andra patienter i, till synes, liknande situationer kanske därför inte passar denna gång. Nej, det kan kanske till och med göra mer skada än nytta, som ju tyvärr väldigt mycket kommit att göra i mitt fall.

I psykiatrin kan man ibland få höra att diagnosen i sig inte är så viktig, eller i alla fall att man som patient inte ska bry sig så mycket eftersom den bara är ett arbetsredskap för vårdgivarna vari ens svårigheter och symptom beskrivs. En duktig vårdgivare ska ju sedan likväl först och främst se och bemöta patienten, inte diagnosen. Och visst, detta håller jag till viss del med om, för nog vill man som patient bli bemött som en människa och inte som en diagnos. Men även om nu tanken på diagnoser en gång var just att endast vara beskrivningar av symptom fungerar de ju inte riktigt så i dag. Nej, nog finns där oftast även en tanke på hur patienten fungerar, och ibland även vad som kan ligga bakom och vad som då bör göras åt det.

Så att sätta en diagnos som visserligen beskriver en hel del symptom men samtidigt ger en felaktig bild av hur patienten fungerar kan alltså bli förödande. Och då inte bara på grund av att man som patient riskerar att behandlas felaktigt, utan även för att man själv riskerar att se på sig själv och sina svårigheter på ett mindre bra sätt. För en diagnos kan faktiskt vara ett verktyg även för patienten, ett som kan vara till hjälp när det kommer till att både förstå sig själv och sina svårigheter och hitta sätt att hantera dem. Därför är det väldigt viktigt att en sådan då är så riktig och så väl beskrivande som möjligt.

Jag är givetvis väl medveten om att det kan vara jättesvårt att diagnostisera autism, och då särskilt hos kvinnor. Och jag har alltså verkligen full förståelse för att psykiatrin inte ens hade en tanke på exempelvis Aspergers syndrom när jag först sökte hjälp. För de officiella kriterierna för den diagnosen fanns väl inte ens då, de kom nämligen någon gång i början av 90-talet. Att jag sedan har en familjehistoria som givetvis även den har påverkat mitt mående, och som dessutom redan var välkänd av psykiatrin, innebar förstås att det då var logiskt att inleda med att söka efter svaren där. Ja, till viss del trodde nog även jag själv att om jag bara fick reda ut det så skulle de övriga pusselbitarna jag sökte efter nog också falla på plats.

Men när tiden gick och jag bara kom att må allt sämre borde väl ändå ha fått psykiatrin att förstå, eller i alla fall börjat fundera över, att det nog ändå måste handla om något annat också. Ja, jag måste faktiskt säga att jag tycker det. Och jag tycker verkligen att det åtminstone skulle ha stått klart under NPF-utredningen, för där om någonstans borde det väl ha funnits kunskap om autism. Men istället för att då äntligen få hjälp med att både förstå mina svårigheter och hitta bättre strategier för att kunna hantera dem, fick jag alltså höra att "någon rekommendation om vidare åtgärder" inte kunde ges. Något som väl inte kan sägas vara helt optimalt? Jag anser förstås också att det inom psykiatrin borde finnas en bättre grundkunskap om NPF (neuropsykiatriska funktionsnedsättningar) överhuvudtaget. Och att *alla* vårdgivare – inte bara läkare och psykologer – då även skulle ha ett ansvar för att ifrågasätta en patients diagnos när den inte tycks stämma så bra.

/ / /

Nu känner jag återigen att både rädsla och skam- och skuldkänslor kommer krypandes här, precis som de gjort flera gånger under skrivandets gång, eftersom jag nu på flera ställen uttryckt mig lite negativt om psykiatrin. Men samtidigt känner jag att jag faktiskt behöver få göra just det, om jag på ett ärligt sätt ska ha en chans att verkligen försöka förmedla både erfarenheter och funderingar kring mina svårigheter.

Det betyder dock *inte* att jag inte samtidigt är väl medveten om att de flesta personer jag stött på inom psykiatrin med största sannolikhet gjort sitt bästa för att både hjälpa och stötta mig. Något jag förstås också är otroligt tacksam för. Ja, flera av de personer jag under lång tid hade kontakt med kom ju till och med att betyda väldigt mycket för mig. Men hur mycket jag under årens lopp än har försökt, och fortfarande försöker, ta till mig, anpassa mig och sätta värde på *all* den hjälp, de olika förklaringar och de stöttande råd som i all välmening getts till mig, kvarstår ändå faktum att det då också så många gånger istället bara har kommit att göra ont värre.

Det här är känslor och ord jag helst skulle vilja slippa kännas vid, eftersom de får mig att känna mig så elak och otacksam. Men det är tyvärr en sanningen jag likväl tror att jag behöver försöka säga högt ibland, trots att jag blir så här rädd och stressad när jag väl gör det. För det är nämligen som Gunilla Gerland skriver:

"Andras välmening var mycket svårare att hantera känslomässigt än deras avsky eller ilska. Välmeningen var plågsam eftersom den alltid var felaktig på något sätt, det var aldrig någon som såg mina egentliga problem."

"Jag fick inte mina känslor bekräftade någonstans så jag antog att de andra hade rätt."

❀ ❀ ❀

Men även om det nu är så här fruktansvärt plågsamt att ha dessa minnessvårigheter, och jag alltså i det närmaste skulle göra vad som helst för att slippa dem, finns där kanske också sådant som är positivt. Kanske skulle jag till exempel må än mycket sämre av allt plågsamt och skrämmande jag upplevt om jag verkligen hade haft tillgång till alla detaljer och känslor? Min mormor använde sig tydligen ofta av ordspråket: "Inget ont som inte har något gott med sig", och kanske ligger det ändå något i det?

Å andra sidan hade jag ju då även kunnat minnas mycket av allt det fina jag upplevt och många av de spännande och intressanta möten jag varit med om, för att då inte tala om alla de personer som varit en del av mitt liv, alltså sådant som skulle kunnat uppväga för de mer plågsamma minnena. Ja, jag hade väl då antagligen åtminstone kunnat känna mig verklig och haft en mer ordentlig tillgång till mitt "jag"? Och då hade jag väl kanske också kunnat sätta mer värde på och känna verklig glädje över sådant som trots allt kan vara bra här i livet?

Men detta är väl frågor jag tyvärr aldrig lär få några svar på.

Efterord

"There is only one cardinal rule: One must always listen to the patient."

Oliver Sacks

När en del böcker blivit upptryckta kände jag att det nog även kunde vara på sin plats att infoga ett efterord, där jag kortfattat berättar lite om vad som därefter hände i bland annat min kontakt med psykiatrin.

Efter autismdiagnosen, och även remissen till habiliteringen fått avslag, kändes det bara alltmer som att jag fick behålla min samtalskontakt på psykmottagningen liksom på nåder. Något som var mycket stressande, särskilt som kontakten med sköterskan inte heller hade känts riktigt bra någon gång. (Absolut inget illa ment!) Det hade nämligen alltid känts som att jag inte riktigt nådde fram till henne, att där fanns en glasvägg jag inte lyckades forcera, och att det inte heller fanns något egentligt intresse för mina svårigheter.

Det var sagt att jag efter habiliteringens bedömning skulle få träffa psykiatern på mottagningen igen, för att försöka utröna vilken hjälp som eventuellt skulle kunna erbjudas mig. Men så blev det inte, först på grund av förändringar i samband med coronaviruset, och sedan för att läkaren slutade. Så först åtta månader senare kom ett möte med en ny psykiater till stånd. Ett möte jag mådde allt annat än bra av, för att inte tala om hur illa jag kom att må av efterföljande journalanteckningar, meddelanden och sådant läkaren tog sig för. Har man inte vare sig förståelsen eller viljan att lyssna ordentligt kan man nämligen genom det man säger, skriver och gör orsaka väldigt stor skada. Särskilt om man som jag under så långt tid redan har farit väldigt illa i psykiatrin. Jag bad då om att få även mina egna meddelandena införda i journalen, men icke. Vårdgivarnas ord får alltså återigen stå för hela sanningen – trots felaktigheter och utelämnad information – vilket skrämmer mig.

Under den här långa väntan hade jag gett mottagningen min bok, men hade även mer intensivt försökt förklara för sköterskan hur plågsamma främst mina stora minnessvårigheter är och hur otroligt ledsen och ensam jag känner mig när andra har så svårt att förstå dem. Ja, att inte ens psykiatrin tycks vilja försöka göra det. Och när jag senare tog mod till mig och frågade om någon läst min bok – och visserligen fick ett ja, men inte mer respons än så – kände jag att det nog ändå var hög tid att avsluta kontakten. Vilket jag efter ytterligare tre besök och försök att nå fram också gjorde. Jag hade redan tidigare frågat och gjorde det nu igen, om det fanns någon annan på mottagningen som då kanske skulle kunna tänkas vara mer intresserad av att lära sig lite om NPF[6] och minnessvårigheter – och fick till svar att det nog inte gjorde det.

Detta var också något jag sedan fick bekräftat efter att ha varit hos psykiatern, och efter att hon hade bett teamet ta upp frågan om det var möjligt att få byta sköterska och då fått svaret nej. Hon skrev även en

---

6. Neuropsykiatriska funktionsnedsättningar.

ny remiss till habiliteringen, som också den fick ett snabbt och koncist avslag. I försöken att ändå hitta någon form av stöd bytte jag då vård-central (eftersom psykologen jag träffade på habiliteringen numera arbetar där) och ringde gråtandes dit och bad om hjälp. Men nej, dit fick jag inte heller komma eftersom jag tillhör specialistvården. Jag mådde redan mycket dåligt, men nu blev situationen nästan ohållbar. Ja, jag gick till exempel ner fem kilo på några få veckor, på grund av att vårdens bemötande och all ovisshet gjorde mig så sönderstressad och skräckslagen att jag alltför ofta bara grät och kräktes om vartannat.

Jag förstår nu att jag var naiv i min tro att jag med ny diagnos och så mycket kunskap kanske äntligen skulle få det stöd jag behöver utifrån de svårigheter (men även styrkor) och behov jag har. Men tyvärr har det snarare vänts emot mig, som ett sätt att avskriva mig och istället kunna hänvisa till någon annan. Och för att fortsatt förringa mig.

Jag anser det vara absurt att psykmottagningen inte har mer kunskap om NPF, men än mer befängt att de inte ens tycks vilja lära sig. För exempelvis har ju *jag* väldigt mycket kunskap om mig själv och de svårigheter jag har, kunskap jag gärna delar med mig om bara någon visar ett genuint intresse av att vilja lyssna och försöka förstå. Tyvärr tycks dock detta intresse inte finnas, och det känns både mycket smärt-samt och konstigt. Om man nu inte vill försöka förstå sina patienter, varför jobbar man då inom psykiatrin?

///

Denna Kafka-liknande kontakt med psykiatrin har gjort mig *väldigt* illa. Ja, jag har knappt orkat kämpa vidare. Men tack och lov har jag ju fortsatt kontakt med GNC, där särskilt Nouchine Hadjikhani verkligen har hjälpt mig att hålla huvudet över ytan. Men jag har även talat med Christopher Gillberg, och senare fick vi också till stånd ett videomöte där vi tre gemensamt funderade kring var stöd eventuellt skulle kunna finnas. Christopher tog kontakt med habiliteringens psykiater, men jag blev inte förvånad över ännu ett avslag, bara uppgiven och förtvivlad. Jag bollades åter över till psykmottagningen, till NP-teamets psykiater, för "vidare bedömning och uppföljning". Nu var jag så sönderstressad att jag fick kämpa hårt mot suget att avsluta livet. Jag blev heller inte informerad, utan fann själv informationen i min journal. Efter egna påtryckningar och ytterligare två månaders väntan fick jag till sist veta att jag står i kö för ett besök hos psykiatern, men ska jag vara ärlig tror jag inte det lär leda till något gott. Jag har helt enkelt vare sig någon tro eller förhoppning på psykiatrin längre. Men låt oss hoppas jag har fel.

Tyvärr hade jag inte fel, även om jag hade ett bra första möte med psykiatern, där han lovade att prata med både sin egen chef och habiliteringen om mina behov och eventuella möjligheter att hitta en lösning. Efter ytterligare tre månaders väntan blev jag därför inbjuden till ett videomöte med NP-teamets och habiliteringens psykiatrer, där de lade fram några andra förslag på hjälp och behandlingar. Sådant jag inte behöver och dessutom skulle må dåligt av.

Här förvandlades mötet verkligen till något av tortyr för mig (precis som efterföljande, hemska journalanteckningar) när de två psykiatrerna ansåg att jag var rigid när jag ändå höll fast vid det behov av samtalsstöd jag har. Och de ansåg även att jag hade brister i både kognitiv empati och mentaliseringsförmåga som inte förstod deras perspektiv. Vilket jag visst gjorde, men jag var ju ändå tvungen att hålla fast vid den kunskap och det behov jag faktiskt har, även om inget sådant stöd kunde erbjudas. Om det var någon som hade brister i kognitiv empati så var det psykiatrerna, som inte tycktes ha minsta förmåga (eller vilja) att sätta sig in i hur det är att gå i mina skor. Och den största rigiditeten finns faktiskt att finna i hälso- och sjukvårdssystemet, och inte hos mig eller andra patienter som, liksom jag, kämpar i detta system.

Några veckor senare hade jag ett uppföljande telefonsamtal med NP-teamets psykiater, där jag trots svår ångest och rädsla återigen försökte att klart och tydligt lägga fram både mina egna behov och hur viktigt jag anser det vara att försöka sätta sig in i patienters situationer. Jag tog även upp det som står i stycket ovan, vad gäller rigiditet och kognitiv empati, och också hur viktigt jag tycker det är att både psykiatrin och habiliteringen försöker skaffa sig åtminstone lite kunskap om SDAM och afantasi. Särskilt som framför allt det senare tillståndet tycks vara ganska vanligt hos autistiska personer.

Men jag kände att jag inte fick någon vidare respons, och mycket riktigt fanns det sedan inte heller några noteringar om det ovan nämnda i min journal. Nej, där låg fokus istället återigen på hur missnöjd jag är med psykiatrins och habiliteringens bemötande, behandlingar och journalanteckningar. De båda instanserna tycks tyvärr ha väldigt svårt med självrannsakan. Något jag tycker är mycket skrämmande och sorgligt, för alla fel och brister finns verkligen inte endast att finna hos deras patienter. Även om stödet jag behöver inte kunde erbjudas hade det varit fint om jag åtminstone hade fått någon form av bekräftelse. Att någon till slut hade haft modet att erkänna och att sedan även med några få, enkla ord beklaga att jag kom att fara så otroligt illa – och under så lång tid – i min kontakt med psykiatrin. Men icke. Så tyvärr öppnades här återigen det stora, svarta hålet framför mig, som jag trots bättre vetande då klev rakt ut i. Ett hål inte bara fyllt med mycket stor sorg, utan tyvärr även med stor skam över mig själv.

Jag avslutade därmed min kontakt med psykmottagningen eftersom jag helt enkelt inte orkar kämpa mer i försöken att göra mig förstådd. Så nu måste jag alltså återigen försöka att på något sätt få fatt i både viljan och styrkan för att istället orka söka efter stöd och hjälp någon annanstans.

///

Vad gäller mina somatiska besvär blev jag väl bemött på Akademiska i Uppsala. Neurologen avskrev dock dystoni och funderade istället på något liknande exempelvis Stiff Person Syndrom. Men då jag redan tagit prover i försöken att utesluta sjukdomen kom vi fram till att det då kanske snarare handlar om ett Malin Syndrom. Ett konstant muskelspänningstillstånd som vi (i nuläget) inte vet vad det beror på. Det beslutades dock att jag bör behandlas med samma mediciner, nämligen ganska höga doser bensodiazepiner i form av Iktorivil. Jag har visserligen fortfarande en del plågsamma besvär med främst nacke, bröstkorg och mellangärde, men däremot har benen blivit mycket mjukare och stabilare, vilket gläder mig eftersom jag då kan promenera mer igen.

Några avslutande ord

Att skriva detta har alltså varit väldigt nyttigt för mig, och jag hoppas förstås att det även har gett dig som läsare åtminstone någonting. Men visst önskar jag att jag hade haft förmågan att skriva om mina erfarenheter på ett annorlunda sätt. Att jag verkligen hade kunnat dela med mig av de tankar, upplevelser och känslor jag haft genom åren. Ja, jag menar alltså att jag önskar att jag hade haft förmågan att skriva en mer "vanlig" självbiografi. Men, när man som jag har en självbiografisk minnesproblematik låter det sig förstås inte göras så lätt.

Nu finns det ju tack och lov många kvinnor som inte bara har tillgång till sina självbiografiska minnen, utan som även är helt fantastiska skribenter. Så om du vill läsa mer om till exempel autism och hur viktigt det är att bli riktigt diagnostiserad, kan jag verkligen rekommendera exempelvis Gunilla Gerlands "En riktig människa" och Lina Limans "Konsten att fejka arabiska". Två otroligt bra och starka självbiografier som har betytt mycket för mig. Ja, när jag läste dem kände jag att mycket som stod skrivet där ju lika gärna kunde ha skrivits av mig själv – om jag nu bara hade haft tillgång till orden. Jag kan även tipsa om tre bra biografier skrivna på engelska, nämligen "Pretending to be Normal" av Liane Holliday Willey, "I Overcame My Autism and All I Got Was This Lousy Anxiety Disorder" av Sarah Kurchak, och "Drama Queen" av Sara Gibbs. De två sistnämnda är dessutom mycket humoristiska.

⁂

Som jag redan skrivit råder det brist på information om den minnes-problematik som kommit att kallas Severely deficient autobiographical memory (SDAM), men på denna webbsida finns ändå en hel del mat-nyttigt att läsa om den: http://sdamstudy.weebly.com/. Och här hittar ni andras erfarenheter och funderingar (ja, till och med en länk till en podd), men kan även själva bidra: https://www.reddit.com/r/SDAM/.

Ett tillstånd som oftast (eller kanske snarare alltid) går hand i hand med SDAM är afantasi (att ha ett blint inre öga), och mer information om det kan ni bland annat hitta på denna sida: https://aphantasia.com/ och på YouTube: https://www.youtube.com/c/AphantasiaNetwork. På Reddit finns https://www.reddit.com/r/Aphantasia/, och på YouTube en informativ kanal av Alan Kendle: https://youtu.be/1DNpMBkW8k8

Jag har märkt att det som skrivs och sägs ofta sker utifrån en ganska positiv synvinkel. Något jag själv inte alls lyckas med vad gäller min egen SDAM och afantasi, så tyvärr kan det jag tar del av därför ofta få mig att känna både sorg och stort självförakt. Då gäller det verkligen att försöka komma ihåg (och helst även få stöd i) att hur man påverkas av tillstånden till så stor del ju även är beroende av ens personlighet och de eventuella övriga svårigheter man har, och av hur ens familjeliv, arbete och sociala nätverk ser ut etcetera. Något jag tycker oftast glöms bort i de texter och intervjuer jag tar del av, tyvärr.

❋ ❋ ❋

Anteckningarna ur min journal är direkt citerade, men jag har valt att utesluta namn på vårdgivare och har även skrivit ut förkortningar och korrigerat en del uppenbara stavfel.

244

Författarens tack

Först och främst vill jag framföra ett mycket stort tack till professor Nouchine Hadjikhani. För inte bara fick hon mig att skriva denna bok och bidrog med både feedback och faktagranskning, utan sedan bistod hon mig även i vått och torrt under hela skrivprocessen – och finns där som ett mycket stort stöd för mig fortfarande: Din feedback, ditt oändliga tålamod och din varma omtanke har både varit och är verkligen helt ovärderligt för mig!

Jag vill förstås även tacka professor Christopher Gillberg, som redan när vi träffades första gången uppmuntrade mig att skriva ner mina tankar och funderingar. Dessutom förstod han direkt att det hos mig inte handlade om någon personlighetsstörning, och blev även intresserad av och tog min minnesproblematik på allvar: Tack för din förståelse och för att jag äntligen fått diagnoser som nu även hjälper *mig* att förstå mig själv bättre!

Jag vill också framföra mitt tack till mina båda psykologer:

Margareta, som stod vid min sida i så väldigt många år och hjälpte mig att få till den (för mig) livsviktiga kontakten med Christopher Gillberg och Gillbergcentrum. Under mitt skrivande bidrog hon dessutom med till exempel information och feedback vad gäller trauman och EMDR-behandling: Tack för ditt stora stöd och all den hjälp du gav mig!

Inger, som orkade stå vid min sida i så många herrans år. Något som vi i dag säkert båda har svårt att förstå. Med hennes stöd orkade jag alltså trots allt ta mig igenom de allra tuffaste och mest plågsamma åren inom psykiatrin, och har nu därmed kunnat skriva denna bok. Dessutom skrev hon väldigt utförliga journalanteckningar som jag här har haft mycket stor nytta av: Tack för din envishet, din förmåga att tänka utanför boxen och ditt oändliga stöd!

Utöver Nouchine Hadjikhani och Christopher Gillberg vill jag även tacka Jakob Åsberg Johnels, Elena Orekhova och Tatiana Stroganova, som gav mig tillåtelse att i boken bifoga den fallstudie de skrivit om mina minnessvårigheter.

Och sist, men absolut inte minst, vill jag förstås även tacka min familj: Trots mina minnessvårigheter kommer ni givetvis ändå alltid ha er alldeles speciella plats i mitt hjärta!!

Appendix

Kortfattade beskrivningar av hjärnområden jag tar upp:

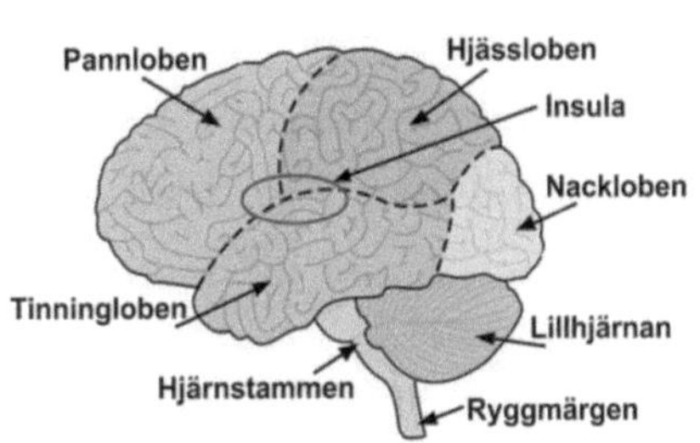

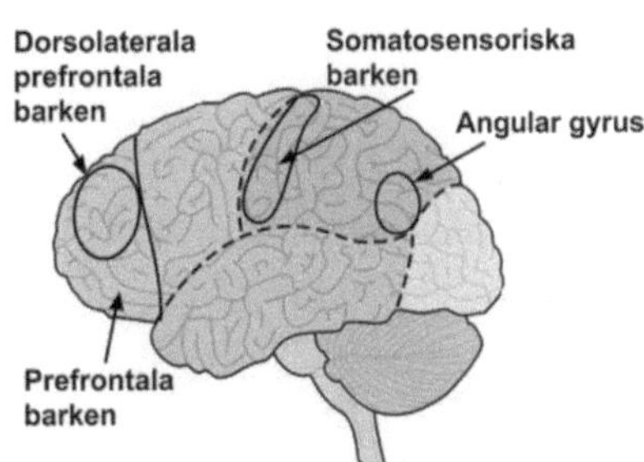

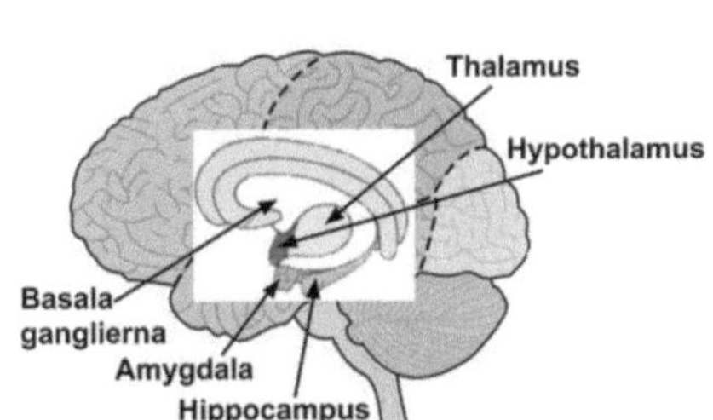

Figur 2: Första bilden visar bland annat hjärnans olika lober, även om insula inte syns från utsidan eftersom den ligger djupt ner i sidofåran. Andra bilden visar den ungefärliga placeringen av några av de barkområden jag nämner i texten. Och i dorsolaterala prefrontala barken finns alltså delar av vårt arbetsminne beläget. Undre bilden visar några av de viktiga strukturer som ligger djupt inne i storhjärnan, i det som kallas det limbiska systemet.

Amygdala: En liten, mandelformad struktur djupt inne i vår storhjärna (en i varje halva). Den kan väl sägas vara navet i vårt emotionella nätverk och är alltså helt nödvändig för vårt känsloliv, men även för att vi ska kunna skapa oss känslominnen. Framför allt förknippas känslor av typen rädsla, skräck och vrede med denna struktur. Den har ett nära samarbete med det autonoma nervsystemet.

Angular gyrus (AG): Område beläget i den bakre delen av våra hjässlober, på gränsen mot tinning- och nackloberna. Höger AG är exempelvis mycket viktig när det kommer till medvetandet om vår egen kropp, och vad som till exempel händer om vi rör oss på ett visst sätt. Den hjälper oss också att skilja mellan höger och vänster. Vänster AG handhar främst mer komplexa semantiska funktioner, som är helt nödvändiga för att vi ska kunna läsa, skriva och tolka ord och texter. Men den är också viktig när det kommer till att återkalla minnen, och då även värdera om de stämmer eller kanske snarare är ologiska. Och det finns teorier om att den då inte bara hjälper till att plocka fram dessa minnen, utan faktiskt även själv ansvarar för och lägger till de kontextuella detaljerna i våra självbiografiska minnen.

Autonoma nervsystemet: Den del av vårt nervsystem som vi inte styr medvetet. Det reglerar våra mest grundläggande livsprocesser, såsom exempelvis andning, hjärtfrekvens, matsmältning och ämnesomsättning.

Basala ganglierna: En samling nervcellskärnor djupt inne i vår storhjärna. Deras främsta funktion är att genom sortering av information från hjärnbarken reglera och se till att våra muskelrörelser blir lämpliga och välkoordinerade, så att de exempelvis inte blir alltför stela eller våra muskler krampar. Men de är även viktiga vid olika processer som har med medvetande, minne och planering att göra. De är exempelvis viktiga för vårt procedurminne, men även när det kommer till våra vanor och rutiner.

Default mode network (DMN): Ett nätverk bestående av hjärnstrukturer som är aktiva även när vi inte koncentrerar oss på en specifik uppgift eller något utanför oss själva. Som då vi exempelvis dagdrömmer; återkallar minnen; funderar över oss själva, vårt liv och människor omkring oss; eller kanske inte funderar på något alls. Men även när vi utför alla de dagliga sysslor som går på rutin. Detta är vår hjärnas autoläge eller utgångsläge, och områden som ingår i detta nätverk är bland annat mediala prefrontala barken, hippocampus och angular gyrus – men även fler som jag inte nämner här.

EMDR (Eye movement desensitization and reprocessing): En psykoterapi där så kallad bilateral (dubbelsidig) stimulering används för att växelvis aktivera de båda hjärnhalvorna. Detta tros nämligen underlätta bearbetningen av traumatiska minnen och skapa förutsättning för nya tankar och perspektiv att ta plats. Vanligtvis sker stimuleringen genom ögonrörelser, att patienten följer terapeutens finger som rörs från sida till sida samtidigt som ett svårt minne konfronteras. Mer information finns exempelvis på denna sida på internet: http://www.emdr.se/

Entorinala barken: Den del av paralimbiska barken som ligger i direkt anslutning till hippocampus, och som både själv bearbetar information och förmedlar sådan till och från den strukturen. Tillsammans med just hippocampus är det alltså ett mycket viktigt område för våra episodiska minnen – det är bland annat ett av de områden som drabbas värst vid Alzheimers sjukdom – men även när det kommer till vår rumsuppfattning och navigeringsförmåga.

Gyrus: Så kallas de åsar och upphöjningar, eller hjärnvindlingar, som vår storhjärnas bark består av. (En gyrus, flera gyri).

Hippocampus: En sjöhästformad (därav namnet) struktur djupt inne i vår storhjärna (en hippocampus i varje halva). Dess viktigaste uppgift är att hjälpa oss att skapa semantiska och episodiska minnen, men den är också mycket viktig när det kommer till vår förmåga att orientera oss i rummet eller omgivningen. Tillsammans med den angränsande entorinala barken skulle väl området kunna kallas vår inre GPS.

Hjärnbarken: Det yttre, veckade skikt som omger vår storhjärna, och som är ungefär tre-fem millimeter tjockt. Den är uppdelad i två hjärnhalvor med vardera fyra lober, nämligen pannloben (eller frontalloben), hjässloben (parietalloben), tinningloben (temporalloben) och nackloben (occipitalloben). Insula räknas ibland som en femte lob, men även som en del av tinningloben.

Hjärnstammen: Den del som binder samman vår hjärna – via den nedersta delen, mellanhjärnan (där bland annat thalamus och hypothalamus återfinns) – med ryggmärgen. Här passerar nervbanor som sänder signaler från hjärnan till kroppen, och vice versa. Men här finns även områden som reglerar sådant vi inte styr med viljan utan som sköts autonomt, såsom andning, hjärtverksamhet, ämnesomsättning etcetera.

Hypothalamus: Ett av de viktigaste områdena i vår hjärna, för här återfinns nämligen ett stort antal kärnor och områden som kontrollerar sådant som är nödvändigt för vår egen och släktens överlevnad. Det handlar till exempel om hunger/mättnad, törst, lust/olust, sömn och parningsbeteende. Det har även ansvaret för att upprätthålla den rätta balansen i vår inre kroppsmiljö, den så kallade homeostasen, och sköter alltså kontrollmekanismer för blodtryck, kroppstemperatur, ämnesomsättning och utsöndring av olika hormoner.

Insula: En mycket viktig del av somatosensoriska systemet i tinningloben, men ses faktiskt ofta som en helt egen hjärnlob. Den ligger gömd i botten av sidofåran som markerar gränsen mellan pann-, hjäss- och tinninglob. Den tar emot signaler från våra inre organ, positiva som negativa. Men den tar även emot smärtimpulser från hela kroppen och registrerar störningar i det autonoma nervsystemet. Detta är en mycket viktig hjärnstruktur när det kommer till våra känslor och vår förståelse för dem.

Lillhjärnan: Den är belägen längst bak i vår skalle, under storhjärnan. Den ansvarar inte bara för vår koordination och balans, utan är även viktig när det kommer till att planera och genomföra rörelser. Tillsammans med basala ganglierna är den alltså helt nödvändig för vårt procedurminne. Den spelar också en viktig roll i kognitionen, något som ignorerats under lång tid men som nu i allt högre grad erkänns.

Limbiska systemet: Efter hjärnstammen och lillhjärnan är detta den utvecklingsmässigt sett äldsta delen av vår hjärna. Området är placerat djupt inne i storhjärnan och kallas ibland även för känslohjärnan. Här hittar vi bland annat strukturerna amygdala, hippocampus och hypothalamus. Området har huvudansvaret när det kommer till känslor, beteende, minne och luktsinne.

Paralimbiska barken: Den hjärnbark som ligger närmast det limbiska systemet, och som förmedlar information från och till högre barkområden som exempelvis sensoriska och somatosensoriska barken.

Sensorisk bark: Områden i vår storhjärna som tar emot och bearbetar olika sinnesintryck. Exempelvis tas synintryck emot av den visuella barken i våra nacklober, medan hörselintryck tas emot av den auditiva barken i våra tinninglober.

Somatosensoriska barken: Detta område är beläget längst fram i våra hjässlober, och tar emot och bearbetar alla information från kroppens hud och rörelseapparat.

Thalamus: Strukturen skulle kanske kunna kallas vår hjärnas postkontor eller kopplingsstation, eftersom den tar emot alla inkommande sensoriska signaler (utom luktförnimmelser) och sedan sänder dem vidare till andra delar av hjärnan. Den är också en viktig del i exempelvis det nätverk som styr våra viljestyrda rörelser, både när det kommer till initieringen och finjusteringen av dem.

Några av de ord som används för att beskriva placeringen av hjärnans olika områden:

Dorsal: Ovansida
Lateral: Utsida, bort från hjärnans mittlinje.
Medial: Insida, mot hjärnans mittlinje.
Ventral: Undersida

Dessa kan sedan kombineras som exempelvis: dorsolateralt (beläget på utsidan av hjärnans ovansida); ventrolateralt (beläget på utsidan av hjärnans undersida) eller ventromedialt (beläget på hjärnans undersida, inne vid mittlinjen).

Kroppens betydelse vid skapande av självbiografiska minnen.

Att kroppen är så viktig att ha tillgång till för att kunna skapa självbiografiska minnen har man kunnat slå fast i en studie som utfördes på Karolinska Institutet, och som sedan publicerades i vetenskapstidskriften PNAS.

Där fick 84 studenter läsa på och genomgå fyra muntliga förhör som gjordes lite extra minnesvärda med hjälp av en skådespelare. Två av förhören upplevdes ur ett vanligt perspektiv från den egna kroppen, medan de två andra genom en skapad illusion – med hjälp av VR-glasögon – upplevdes från ett perspektiv av att vara utanför sin kropp.

En vecka senare fick studenterna genomgå olika minnestester samtidigt som deras hjärnor avbildades med hjälp av en fMRI-kamera. Det visade sig då att de mindes de "utomkroppsliga" förhören mycket sämre än de som hade upplevts från ett vanligt perspektiv. Och hjärnavbildningen avslöjade en avgörande skillnad i hippocampus, för när de försökte minnas de "utomkroppsliga" förhören var nämligen aktiviteten där helt utslagen, till skillnad från när de mindes de andra förhören. Man fann däremot aktivitet i prefrontala barken så studenterna ansträngde sig verkligen för att minnas.

Forskarnas tolkning av studien är den att det finns ett nära samband mellan kroppsupplevelse och minne. Vår hjärna behöver helt enkelt få information om att vi faktiskt befinner oss i vår kropp för att kunna skapa enhetliga långtidsminnen, annars störs minnesprocessen och minnet blir istället fragmentariskt.

A case report of severely impaired autobiographical memory in a woman with Asperger syndrome

Nouchine Hadjikhani [1,2,*], Jakob Åsberg Johnels [2], Elena Orekhova [2,3,4], Tatiana Stroganova [3,4], Christopher Gillberg [2], Malin Bohman.

1. MGH/MIT/HST Martinos Center for Biomedical Imaging, Harvard Medical School, Charlestown, Massachusetts, USA.
2. Gillberg Neuropsychiatry Centre (GNC), University of Gothenburg, Gothenburg, Sweden.
3. Moscow State University of Psychology and Education, Center for Neurocognitive Research (MEG Center), Moscow, Russia.
4. Autism Research Laboratory, Moscow State University of Psychology and Education, Moscow, Russia.

Correspondence to:
Nouchine Hadjikhani, MD, PhD
nouchine.hadjikhani@gnc.gu.se

Abstract

Here, we report the case of MB, a 53 year-old woman, who came to our neurodevelopmental/neuropsychiatric clinic due to suspicion of Asperger syndrome. Her behavioral/clinical profile was consistent with this diagnosis. In addition, a severely impaired autobiographical memory was confirmed in the face of otherwise normal neuropsychological functioning, including general IQ, working memory, episodic (long-term) memory and visual memory. MRI data indicated reduced bilateral hippocampal volume compared to age-matched female controls, with an imbalance in volume between the left and the right hippocampus, favoring the left. These findings are consistent with a few previous reports of severely impaired autobiographical memory. In addition, MEG/EEG data revealed abnormal activity in certain brain regions, including the left temporal region and in the angular gyrus, areas known to be associated with autobiographic memory formation.

Introduction

"I am walking through life with an eraser on my back"

Autobiographical memory allows us to build our own identity, remembering our past and projecting images of ourselves into the future. In this paper, we report the case of MB (one of the co-authors of this paper), a 53-year-old woman, who came to our neurodevelopmental/neuropsychiatric clinic due to suspicion of Asperger syndrome, which was confirmed by one of the co-authors (CG, who is one of the most experienced clinicians in the field in the world). Extremely reduced eye contact, strict/rigid routines, very few friendships, bouts of anxiety, attention to details, strong focus on certain themes, and a history of eating disorders that were present in MB are all common features in the presentation of Asperger syndrome in females (Attwood, 2007; Gillberg & Gillberg, 1989; Goin-Kochel, Mackintosh, & Myers, 2006; Knickmeyer, Wheelwright, & Baron-Cohen, 2008; Kopp & Gillberg, 1992; Lai et al., 2011; Mattila et al., 2007; Wentz et al., 2005). In addition, severely impaired autobiographical memory (AM) was noted at first assessment. Previous medical and psychiatric evaluations suggested that her problems were by no means simple, with a complex history of childhood trauma, and a chronic pain condition. On the other hand, MB is an unusually intellectually curious individual with an impressive knowledge about neuroscience in general and her own condition in particular.

In this case report, we focus on the nature of MB's AM deficit, with the aim of contributing to a small but growing literature on Severely Deficient Autobiographical Memory (SDAM) (Palombo, Alain, Söderlund, Khuu, & Levine, 2015), for review, see (Palombo, Sheldon, & Levine, 2018), a term for a condition that MB herself relates to. We report neuropsychological data in order to support the selectivity of AM impairment in the cognitive profile of the patient. Using anatomical MRI, MEG and EEG recordings, we provide a thorough clinical characterization of brain structure and function. In particular, we want to confirm and extend previous findings by examining hippocampal volume (Palombo, Bacopulos, et al., 2018) a key area for the formation of memories, including AM.

We discuss how the neurophysiological findings might explain the presence of SDAM in this case and also in the light of other, similar, published case reports. Finally, we consider the potential connection between Asperger syndrome and SDAM.

Case findings

Informed consent to publish this clinical case report is available in MB's medical charts. In addition, MEG data have been collected under a study approved by the Gothenburg Regional Ethical Review Board.

Neuropsychological and symptomatic profile:

We used a battery of tests and self-report questionnaires to assess different aspects of the difficulties encountered by MB in order to identify strengths and challenges, with a specific aim of characterizing the selectivity – or otherwise – of the AM deficits. Critically, virtually all the neuropsychological test results were normal or above normal. This includes her general full-scale IQ (which gathered from her medical charts), verbal short-term memory and long-term memory, narrative comprehension and memory. Perhaps especially noteworthy in the context of AM deficits, is her strong performance on the Discourse comprehension test (Welland, Lubinski, & Higginbotham, 2002) which assesses episodic memory for narratives. Still, given the fact that MB reported strong interest in literary fiction reading, it seems reasonable that episodic memory per se would not be an area of difficulty.

The assessments made were motivated by previous research on AM deficits. In particular, the three participants in the Palombo study (2015) tended to score poorly on the REY complex figure test, indicative of visual mental imagery deficits. However, this was not obviously the case for MB.

There are no "gold standard" tests of autobiographic memory. We used the modified Crovitz interview (Philippi, Rousseau, et al., 2015) to measure the ability to recreate autobiographical memories about specific episodes of the patient's life. This is done by eliciting memories with cue words and asking the patient to describe and date that specific memory as well as they can. MB was found to perform very poorly, considerably below the suggested clinical cut off (Ernst et al., 2013). The assessor noted during the 2 hour long interview that emotionally charged memories – including traumas and very joyful experiences – tend to be better remembered, even though still lacking an autobiographic quality, whereas more everyday experiences seem to quickly fade.

The Toronto Alexithymia Scale (TAS) and Autism Quotient (AQ) scores cover self-reported alexithymia and autistic traits, respectively. The results revealed marked features relating to these symptomatic features. The TAS consists of three subscales assessing Difficulty Describing Feelings, Difficulty Identifying Feelings, and Externally-Oriented Thinking. While MB showed extremely externally-oriented thinking, she reported high symptoms on the description and the identification of feelings, resulting in a score that was just below clinical cut-off. The score on the AQ test indicated the presence of autism. Asperger type of autism was confirmed clinically by two medical doctors (CG and NH) with considerable diagnostic experience of autism and related disorders.

MB's sensory profile tested by Adolescent/Adult Sensory Profile (A/ASP) questionnaire (Brown and Dunn, 2002) was also consistent with that observed in Asperger studies, with significantly lower scores in sensory seeking, and higher scores in sensory sensitivity and sensory avoidance.

Test name	Cognitive construct	Score	Interpretation based on norms or clinically suggested cut offs
Modified Crovitz test	Autobiographical memory	35%	Impaired: cut off 74
WASI FSIQ	General intelligence	118	Normal or above normal according to norms (mean 100)
Verbal IQ	Linguistic reasoning ability	113	Normal according to norms
Nonverbal (performance)	Nonverbal reasoning ability	116	Normal or above according to norms
Rey AVL	Visual mental imagery while copying and long term recall of visual-spatial information	T-scores of 51/49/41 for immediate recall, delayed recall and recognition, respectively	Normal according to norms
Discourse comprehension test	Narrative comprehension and memory for literal and inferential story details	97% correct	Normal or above normal: mean score of 92.5 in normal adult participants
Spatial span	Visual short term memory	Stanine 5-7	Normal according to norms
Digit span	Verbal short term memory	Stanine 4	Normal according to norms
TAS	Alexithymia – difficulties	Raw score 60	Bordeline impaired. Cut-off > 61.
AQ	Autistic personality traits	35	Above normal (clinical cut-off = 32)
A/ASP	Low registration	31	Normal (24-35)
A/ASP	Sensation seeking	34	Very low (43-56)
A/ASP	Sensory sensitivity	55	Very high (26-41)
A/ASP	Sensation avoiding	49	High (27-41)

Table 1: Neuropsychological tests.

Neuroanatomical data:

Informed by the study reporting decreased hippocampal volume and hippocampal asymmetry in SDAM (Palombo et al., 2015), we acquired high-resolution 3D T1 MP-RAGE MRI scan (voxel size 1x1x1mm, acquisition matrix 256x256, TR=4.48) when MB was 50 years old. FreeSurfer segmentation was used to measure the volume of the hippocampus. This was compared with the volume of a control group consisting of 19 healthy females, aged 50.74± 5.56 (p=0.57, ns).

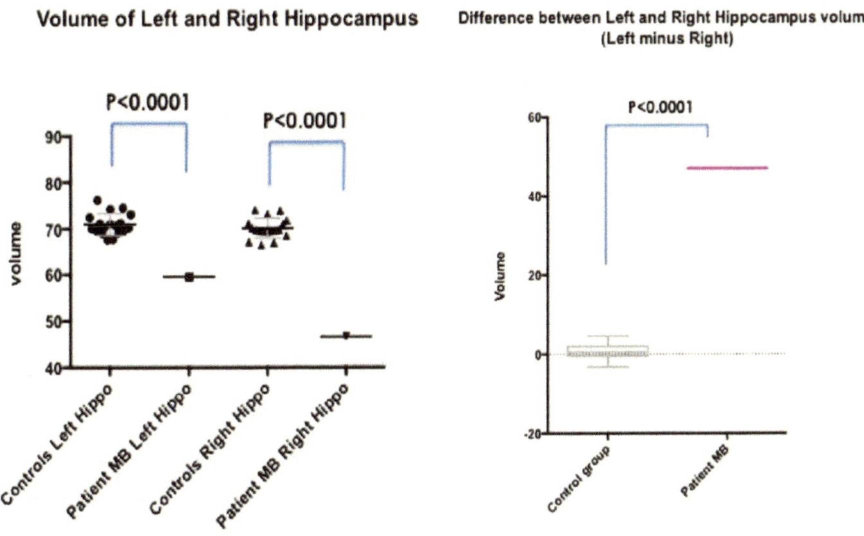

Figure 1: Hippocampal Volume. The left panel illustrates the difference between MB and controls for the left and the right hippocampal volume. The right panel shows the difference between the left and the right hippocampal volume in the control group (null) and in MB, who has a difference favoring the left hippocampus.

Our data indicated that both left and the right hippocampus in MB were significantly smaller than in the controls (p<0.0001), which is partly similar to (Palombo et al., 2015), who only found a decreased volume in the right hippocampus. In addition, and similarly to the findings reported in (Palombo et al., 2015), in MB the right hippocampus was significantly smaller than the left (p<0.0001), whereas in the control group right and left hippocampus had the same volume (**Figure** 1). Notably, the volume of MB's amygdalae was not significantly different from the controls.

MEG/EEG data:

MEG data were recorded with whole-head magnetoencephalographic (MEG) device with 204 planar gradiometers and 102 magnetometers (Triux Elekta Neuromag) and sampled at 1000 Hz. Four head coils were used for continuous head position monitoring. Additional 4 bipolar EEG electrodes were placed for ECG and EOG measurements, and 2 more electrodes were positioned to the chest to record the heart rate. Data were collected during rest and during the presence of a visual task meant to provoke gamma oscillations (for a detailed description see, (Orekhova et al., 2018). Despite the fact that MB never had any reported seizure, there were three types of abnormal electrographic patterns in MB's results:

First, strictly left-lateralized abundant continuous monomorphic/rhythmic alpha activity, regular in shape with prolonged duration (up to 30 sec) and predominant frequency of 10 Hz were observed over the left temporal lobe (**Figure** 2). This activity was intermixed with the infrequent and short (<1 s) rhythmic trains of theta oscillations (7–8 Hz) with unilateral left temporal scalp topography (**Figure** 2). Unilateral temporal alpha–theta activity was clearly non-reactive to the presence/absence of the visual task. Its cortical sources were confined to basal/medial (theta) and lateral (alpha) surface of left temporal lobe (**Figure** 2).

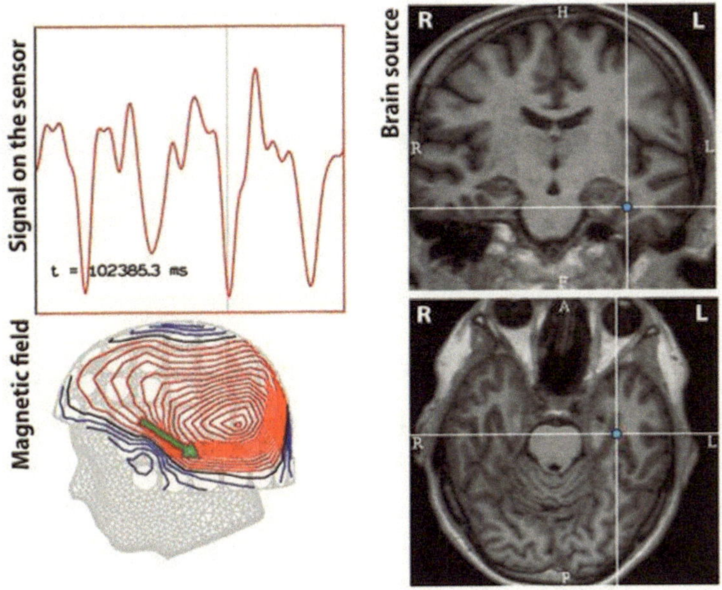

Figure 2: *Abnormal activity in left temporal lobe.*

Second, single epileptiform spikes and sharp waves were observed over the left temporal lobe. Their sources were predominantly localized to the posterior part of left superior temporal sulcus/middle temporal gyrus and the adjacent regions of angular gyrus (**Figure** 3 – purple oval). The second scattered cluster of sources occupied the basal surface of left temporal lobe (**Figure 3** – yellow oval).

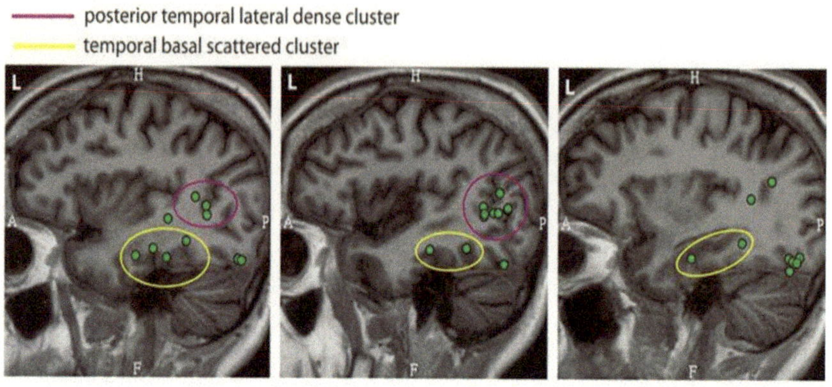

Figure 3: Location of clusters of abnormal electrical activity in left hemisphere.

Third, frequent occipital spikes and spike-and-wave complexes. Occipital epileptiform transients occurred more frequently (2 events per 10 s) during prolonged visual stimulation than during passive wakefulness. Their sources formed three dense cortical clusters: the first one at the cuneus region of left occipital lobe; the second and third symmetric clusters occupied the basal surface of occipital lobes in the occipitotemporal sulcus/fusiform gyrus.

Discussion

In the present case report, we found anatomical (hippocampal volume) and electrophysiological (epileptiform transients in the left temporal and angular gyrus, as well as in the occipital cortex bilaterally) evidence of abnormalities that could be directly linked to the presence of SDAM, although a causative link cannot be established.

A few recent case studies have shown the presence of SDAM in healthy individuals (for review, see Palombo, Sheldon, et al., 2018). In the case series described by Palombo and colleagues, SDAM individuals did not show impairments in neuropsychological tests assessing attention, perception, working memory and executive functions, and no impairment either in learning and retaining factual information. However, visual imagery was described as abnormal in these individuals, who otherwise functioned normally in daily life. In terms of brain imaging findings, SDAM individuals had right-lateralized reduction of hippocampal volume (Palombo, Bacopulos, et al., 2018), and functional MRI revealed reduced task-based activation during autobiographical recollection in the medial prefrontal cortex and the precuneus (Sheldon, Farb, Palombo, & Levine, 2016). Of note, impaired emotional autobiographical memory has been associated with right amygdala-hippocampal atrophy (Philippi, Botzung, et al., 2015). Electrophysiological data have been reported in two previous studies on SDAM, one indicating abnormal ERP for a recollection task (Palombo et al., 2015), and another one displaying reduced gamma and theta phase coupling during autobiographical recollection (Fuentemilla, Palombo, & Levine, 2018).

The role of the angular gyrus in autobiographical memory has recently been recognized, and a recent study reported selective reduction of free recall following continuous theta burst stimulation (cTBS) (Bonnici, Cheke, Green, FitzGerald, & Simons, 2018). Interestingly, this was also accompanied by a reduction of first-person experience autobiographical episodes. As underlined by (Ramanan, Piguet, & Irish, 2018), the role of the left angular gyrus in memory has been debated a lot, and these authors put forward a model that they coined as the Contextual Integration Model in which the core elements of an event (e.g. people, event, time, location) are coded in the medial temporal lobe, while multimodal contextual details become integrated and represented in the angular gyrus. In the case of MB, abnormalities in the function of both medial temporal lobe and angular gyrus, as evidenced by epileptiform transients, may underlie the severity of her memory deficits.

In the history of neuropsychology and behavioral neurology, Asperger syndrome has been linked with superior memory performance. Indeed, Luria reported, in the Mind of a Mnemonist (Luria, 1968), the combination of a highly superior memory with characteristics of what is nowadays often diagnosed as Asperger syndrome (literal understanding of language, adherence to strict routines, etc). Research on individuals with exceptional memories have reported that this was sometimes associated with savant conditions associated with Asperger syndrome (e.g. (Bor, Billington, & Baron-Cohen, 2007)) however, recent studies have also shown that autobiographical memory may be compromised in Asperger syndrome (Crane, Pring, Jukes, & Goddard, 2012; Tanweer, Rathbone, & Souchay, 2010).

Conclusion

There have been only a few case-reports of SDAM in the literature, and most of them were reported in otherwise healthy individuals, albeit very little detail regarding any behavioral/psychiatric problem has been reported. Our case-report indicates a possible association of SDAM, reduced hippocampal volume, and epileptiform transients in areas of the brain that are crucial for autobiographical memory, together with Asperger type autism, in a patient with a complex psychiatric history and an unusually impressive capacity to self-reflect about the implications of her condition. Her vivid and detailed description of her condition gives us a rich first-person perspective into something that is otherwise rather difficult to grasp for a typical individual, which is: what is it like to go through life without remembering your own past.

References:

• Attwood, T. (2007). *The complete guide to Asperger's syndrome.* Philadelphia, PA: Jessica Kingley Publishers.

• Bonnici, H. M., Cheke, L. G., Green, D. A. E., FitzGerald, T. H. B., & Simons, J. S. (2018). Specifying a causal role for angular gyrus in autobiographical memory. *J Neurosci.* doi:10.1523/JNEUROSCI.1239-18.2018

• Bor, D., Billington, J., & Baron-Cohen, S. (2007). Savant memory for digits in a case of synaesthesia and Asperger syndrome is related to hyperactivity in the lateral prefrontal cortex. *Neurocase, 13*(5), 311-319. doi:10.1080/13554790701844945

• Brown, C. E., & Dunn, W. (2002). *Adolescent-Adult Sensory Profile: user's manual.* San Antonio, Tex: Pearson

• Crane, L., Pring, L., Jukes, K., & Goddard, L. (2012). Patterns of autobiographical memory in adults with autism spectrum disorder. *J Autism Dev Disord, 42*(10), 2100-2112. doi:10.1007/s10803-012-1459-2

• Ernst, A., Blanc, F., Voltzenlogel, V., de Seze, J., Chauvin, B., & Manning, L. (2013). Autobiographical memory in multiple sclerosis patients: assessment and cognitive facilitation. *Neuropsychol Rehabil, 23*(2), 161-181. doi:10.1080/09602011.2012.724355

• Fuentemilla, L., Palombo, D. J., & Levine, B. (2018). Gamma phase-synchrony in autobiographical memory: Evidence from magneto-encephalography and severely deficient autobiographical memory.

Neuropsychologia, 110, 7-13.
doi:10.1016/j.neuropsychologia.2017.08.020

• Gillberg, I. C., & Gillberg, C. (1989). Asperger syndrome – some
epidemiological considerations: a research note. *J Child Psychol
Psychiatry, 30*(4), 631-638.

• Goin-Kochel, R. P., Mackintosh, V. H., & Myers, B. J. (2006). How
many doctors does it take to make an autism spectrum diagnosis?
Autism, 10(5), 439-451. doi:10.1177/13623361306066601

• Knickmeyer, R. C., Wheelwright, S., & Baron-Cohen, S. B. (2008).
Sex-typical play: masculinization/defeminization in girls with an
autism spectrum condition. *J Autism Dev Disord, 38*(6), 1028-1035.
doi:10.1007/s10803-007-0475-0

• Kopp, S., & Gillberg, C. (1992). Girls with social deficits and learning
problems: autism, atypical Asperger syndrome or a variant of these
conditions. *European Child and Adolescent Psychiatry, 1*(2), 89-99.

• Lai, M. C., Lombardo, M. V., Pasco, G., Ruigrok, A. N.,
Wheelwright, S. J., Sadek, S. A., Baron-Cohen, S. (2011). A behavioral
comparison of male and female adults with high functioning autism
spectrum conditions. *Plos One, 6*(6), e20835.
doi:10.1371/journal.pone.0020835

• Luria, A. R. (1968). *The Mind of a Mnemonist: A Little Book About a
Vast Memory*. NY: New York Basic Books.

• Mattila, M. L., Kielinen, M., Jussila, K., Linna, S. L., Bloigu, R.,
Ebeling, H., & Moilanen, I. (2007). An epidemiological and diagnostic

study of Asperger syndrome according to four sets of diagnostic criteria. *J Am Acad Child Adolesc Psychiatry, 46*(5), 636-646. doi:10.1097/chi.0b013e318033ff42

• Orekhova, E. V., Sysoeva, O. V., Schneiderman, J. F., Lundström, S., Galuta, I. A., Goiaeva, D. E., Stroganova, T. A. (2018). Input-dependent modulation of MEG gamma oscillations reflects gain control in the visual cortex. *Sci Rep, 8*(1), 8451. doi:10.1038/s41598-018-26779-6

• Palombo, D. J., Alain, C., Söderlund, H., Khuu, W., & Levine, B. (2015). Severely deficient autobiographical memory (SDAM) in healthy adults: A new mnemonic syndrome. *Neuropsychologia, 72*, 105-118. doi:10.1016/j.neuropsychologia.2015.04.012

• Palombo, D. J., Bacopulos, A., Amaral, R. S. C., Olsen, R. K., Todd, R. M., Anderson, A. K., & Levine, B. (2018). Episodic autobiographical memory is associated with variation in the size of hippocampal subregions. *Hippocampus, 28*(2), 69-75. doi:10.1002/hipo.22818

• Palombo, D. J., Sheldon, S., & Levine, B. (2018). Individual Differences in Autobiographical Memory. Trends *Cogn Sci, 22*(7), 583-597. doi:10.1016/j.tics.2018.04.007

• Philippi, N., Botzung, A., Noblet, V., Rousseau, F., Despres, O., Cretin, B., Manning, L. (2015). Impaired emotional autobiographical memory associated with right amygdalar-hippocampal atrophy in Alzheimer's disease patients. *Front Aging Neurosci, 7*, 21. doi:10.3389/fnagi.2015.00021

• Philippi, N., Rousseau, F., Noblet, V., Botzung, A., Despres, O., Cretin, B., Manning, L. (2015). Different Temporal Patterns of Specific and General Autobiographical Memories across the Lifespan in Alzheimer's Disease. *Behav Neurol, 2015*, 963460. doi:10.1155/2015/963460

• Ramanan, S., Piguet, O., & Irish, M. (2018). Rethinking the Role of the Angular Gyrus in Remembering the Past and Imagining the Future: The Contextual Integration Model. *Neuroscientist, 24*(4), 342-352. doi:10.1177/1073858417735514

• Sheldon, S., Farb, N., Palombo, D. J., & Levine, B. (2016). Intrinsic medial temporal lobe connectivity relates to individual differences in episodic autobiographical remembering. *Cortex, 74*, 206-216. doi:10.1016/j.cortex.2015.11.005

• Tanweer, T., Rathbone, C. J., & Souchay, C. (2010). Autobiographical memory, autonoetic consciousness, and identity in Asperger syndrome. *Neuropsychologia, 48*(4), 900-908. doi:10.1016/j.neuropsychologia.2009.11.007

• Welland, R. J., Lubinski, R., & Higginbotham, D. J. (2002). Discourse comprehension test performance of elders with dementia of the Alzheimer type. *J Speech Lang Hear Res, 45*(6), 1175-1187.

• Wentz, E., Lacey, J. H., Waller, G., Råstam, M., Turk, J., & Gillberg, C. (2005). Childhood onset neuropsychiatric disorders in adult eating disorder patients. A pilot study. *Eur Child Adolesc Psychiatry, 14*(8), 431-437. doi:10.1007/s00787-005-0494-3

Litteratur i urval

Jag har läst en hel del om minnet genom åren och kommer därför inte ihåg alla böcker jag hämtat kunskap ifrån och kanske därför borde hänvisa till, men de böcker och studier jag bland annat tog hjälp av när jag nu skrev denna text var dessa.

Artiklar och facklitteratur:

• Bergouignan, L., Nyberg, L., & Ehrsson, H. (2014). Out-of-body-induced hippocampal amnesia. *PNAS*, 111(12), ss. 4421-4426. DOI: 10.1073/pnas.1318801111

• Bonnici, H. M., Chadwick, M. J., Lutti, A., Hassabis, D., Weiskopf, N., & Maguire, E. A. (2012). Detecting representations of recent and remote autobiographical memories in vmPFC and hippocampus. *The Journal of Neuroscience*, 32(47), ss. 16982-16991. DOI: 10.1523/JNEUROSCI.2475-12.2012

• Bonnici, H., Cheke, L., Green, D., FitzGerald, T., & Simons, J. (2018). Specifying a causal role for angular gyrus in autobiographical memory. Preprint. *BioRxiv*, 323733. DOI: 10.1101/323733

• Cohen, Gillian. (1996). *Memory in the real world*. Hove: Psychology Press.

• Corkin, Suzanne. (2014). *Permanent Present Tense*. London: Penguine Books.

• Craig, Michael & Dewar, Michaela.(2018). Rest-related consolidation protects the fine detail of new memories. *Scientific Reports*, vol. 8, article number: 6857. DOI: 10.1038/s41598-018-25313-y

• Damasio, Antonio R. (1999). *Descartes misstag: känsla, förnuft och den mänskliga hjärnan.* Stockholm: Natur & Kultur.

• Damasio, Antonio R. (2003). *På spaning efter Spinoza: glädje, sorg och den kännande hjärnan.* Stockholm: Natur & Kultur.

• Dance, C.J., Jaquiery, M., Eagleman, D.M., Porteous, D., Zeman, A., Simner, J. (2021). What is the relationship between Aphantasia, Synaesthesia and Autism? *Consciousness and Cognition,* vol. 89, 103087. DOI: 10.1016/j.concog.2021.103087

• Dawes, A.J., Keogh, R., Andrillon, T. et al. (2020). A cognitive profile of multi-sensory imagery, memory and dreaming in aphantasia. *Scientific Reports,* vol. 10, 10022. DOI: 10.1038/s41598-020-65705-7

• Euston, D. R., Gruber, A. J. & McNaughton, B. L. (2012). The Role of Medial Prefrontal Cortex in Memory and Decision Making. *Neuron,* 76(6), ss. 1057-1070. DOI: 10.1016/j.neuron.2012.12.002

• Goleman, Daniel. (1997). *Känslans intelligens.* Stockholm: Wahlström & Widstrand.

• Jonker, T. R., Dimsdale-Zucker, H., Ritchey, M., Clarke, A. & Ranganath, C. (2018). Neural reactivation in parietal cortex enhances memory for episodically linked information. *PNAS*, 115(43), ss. 11084-11089. DOI: 10.1073/pnas.1800006115

• LeDoux, Joseph. (1999). *The Emotional Brain*. London: Phoenix.

• McCormick, C., Rosenthal, C. R., Miller, T. D. & Maguire, E. A. (2018). Mind-Wandering in People with Hippocampal Damage. *The Journal of Neuroscience*, 38(11), ss. 2745-2754. DOI: 10.1523/JNEUROSCI.1812-17.2018

• Padmanabhan, A., Lynch, C. J., Schaer, M. & Menon, V. (2017). The Default Mode Network in Autism. *Biological Psychiatry: Cognitive Neuroscience and Neuroimaging*, 2(6), ss. 476-486. DOI: 10.1016/j.bpsc.2017.04.004

• Palombo, D. J., Alain, C., Söderlund, H., Khuu, W. & Levine, B. (2015). Severely deficient autobiographical memory (SDAM) in healthy adults: A new mnemonic syndrome. *Neuropsychologia*, 72, ss.105–118. DOI: 10.1016/j.neuropsychologia.2015.04.012

• Phelps, Elisabeth A. (2004). Human emotion and memory: interactions of the amygdala and hippocampal complex. *Current Opinion in Neurobiology*, 14(2), ss. 198-202. DOI: 10.1016/j.conb.2004.03.015

• Ramanan, S., Piguet, O. & Irish, M. (2018). Rethinking the Role of the Angular Gyrus in Remembering the Past and Imagining the Future: The Contextual Integration Model. *The Neuroscientist,* 24(4), ss. 342-352. DOI: 10.1177/1073858417735514

• Söderlund, H., Moscovitch, M., Kumar, N., Mandic, M. & Levine, B. (2011). As time goes by: hippocampal connectivity changes with remoteness of autobiographical memory retrieval. *Hippocampus*, 22(4), ss. 670-679. DOI: 10.1002/hipo.20927

• Tsao, A., Sugar, J., Lu, L., Wang, C., Knierim, J. J., Moser, M.-B., & Moser, E. I. (2018). Integrating time from experience in the lateral entorhinal cortex. *Nature,* vol. 561, ss. 57-62.
DOI: 10.1038/s41586-018-0459-6

• Tulving, Endel. (2000). Episodic memory and autonoetic awareness. I Endel Tulving & Fergus I. M. Craik (red.). *The Oxford handbook of memory.* New York: Oxford University Press.

• Walker, Matthew. (2018). *Sömngåtan: Den nya forskningen om sömn och drömmar.* Stockholm: Ordfront.

• Wasling, Pontus. (2013). *Minnet, fram och tillbaka.* Stockholm: Volante.

• Yerys, B. E., Gordon, E. M., Abrams, D. N., Satterthwaite, T. D., Weinblatt, R., Jankowski, K. F., Strang, J., Kenworthy, L., Gaillard, W. D. & Vaidya, C. J. (2015). Default mode network segregation and social deficits in autism spectrum disorder: Evidence from non-medicated children. *NeuroImage: Clinical*, vol. 9, ss. 223-232.
DOI: 10.1016/j.nicl.2015.07.018

• Zeman, A., Milton, F., Della Sala, S., Dewar, M., Frayling, T., Gaddum, J., Hattersley, A., Heuerman-Williamson, B., Jones, K., MacKisack, M., Winlove, C. (2020). Phantasia-The psychological significance of lifelong visual imagery vividness extremes. *Cortex,* Sep;130:426-440. DOI: 10.1016/j.cortex.2020.04.003

Citaten är tagna ur dessa böcker:

• Bahlenberg, Majken. (2006). *Flickan i blå stolen.*
Stockholm: Litteratursällskapet.

• Faulkner, William. (1951). *Requiem for a Nun.*
New York: Random House.

• Gerland, Gunilla. (1996). *En riktig människa.*
Stockholm: Cura (Studentlitteratur).

• Jinder, Åsa. (1991). *Bli min mamma igen.*
Stockholm: Bonniers.

• Johansson, Iris. (2013). *Ett annorlunda liv.*
Stockholm: Forum.

• Krauss, Nicole. (2009). *Man utan minne.*
Stockholm: Brombergs.

• Rynell, Elisabeth. (1990). *En berättelse om Loka.*
Stockholm: Bonniers.

• Voors, Barbara. (2010). *Fantomsmärtor.*
Stockholm: Bonniers.